Grand Tour

14

CAPRI

testo di
Cesare de Seta

fotografie di
Luciano Romano

Français / English

Franco Maria Ricci

Grazie

Franco Maria Ricci ringrazia tutti coloro che, direttamente o indirettamente, con la loro disponibilità hanno contribuito alla riuscita dell'opera, e in particolare

Luciana Arbace, per aver gentilmente compilato le didascalie
l'Azienda Autonoma di cura soggiorno e turismo Isola di Capri
Uberto Bowinkel, collezionista
Salvatore Ciuccio, assessore alla Cultura di Capri, per la collaborazione prestata in occasione delle riprese a Villa Lysis-Fersen
la Congrega dell'Immacolata Concezione, per le riprese nella chiesa di San Michele ad Anacapri
don Antonio Esposito, parroco di Santo Stefano, per le riprese effettuate nell'omonima chiesa
l'Istituto Universitario Suor Orsola Benincasa, Napoli
Ann Marie Kjellander e Alessandro Panini Finotti della Fondazione Axel Munthe, per le riprese effettuate nella Villa San Michele ad Anacapri
il Ministero per i Beni Culturali e Ambientali, Soprintendenza BAS di Napoli, per la Certosa di San Giacomo e i dipinti di K.W. Diefenbach ivi conservati

Fotografie di Luciano Romano; assistenti alle riprese José Luis Amadeo e Federica Cerami
Altre fotografie provengono dagli Archivi dell'editore, dai collezionisti o dai musei:
Araldo De Luca: 7; Massimo Listri: 10
Accademia di Belle Arti di Napoli: 112/113
Ecole nationale supérieure des beaux-arts, Parigi: 20/21 e 114

GTI 114 / ISBN 88-216-0632-5
GTI 214 / ISBN 88-216-0633-3 (ed. lusso)

Design: Franco Maria Ricci, Laura Casalis
Impaginazione: Silvia Fois
Cura della Collana: Gianni Guadalupi
Redazione: Carole Aghion, Venusta Pacces
Traduzioni: Geneviève Lambert (francese, ed. Anne Carion)
Judith Landry (inglese, ed. Marina Beretta)
Fotolito: Pluscolor
Stampato in Italia da Arti Grafiche Mazzucchelli

© 1999 FMR spa / Franco Maria Ricci
20147 Milano, via Montecuccoli 32
Telefono +(39)02414101 Fax +(39)0248301473
E-mail: ricci@fmrmagazine.it

Capri

La terra dove pascolano le capre

La prima attendibile citazione relativa a Capri la troviamo in Strabone che, sul finire del I secolo a.C., scrive: "Anticamente a *Capreae*, v'erano due piccole cittadine, ridotte ad epoche più tarde a una. L'isola fu poi conquistata dai Napolitani". L'origine del toponimo dà adito a due dominanti versioni: terra dove pascolano le capre se se ne accetta l'origine latina; terra di cinghiali se si risale al più antico toponimo greco.
Assai prima che lo storico e geografo greco facesse cenno all'isola essa fu sede di insediamenti preistorici: furono i romani, a partire da Augusto almeno, a fare questa emozionante scoperta. Mentre si poneva mano agli imponenti cantieri d'età imperiale venivano alla luce ossa gigantesche di animali preistorici, si raccolsero utensili e armi primordiali, poi ceramiche dipinte. Svetonio, nella *Vita di Augusto*, narra di questi ritrovamenti e del rispetto che l'imperatore mostrò per essi, sistemandoli in una sua villa: primo museo di paleontologia e paletnologia di cui si abbia memoria. A conferma di questa storia, i resti di molti millenni addietro furono rinvenuti agli esordi del nostro secolo in molti luoghi dell'isola: sotto l'Hotel Quisisana, alla Grotta delle Felci che s'apre nel ventre di Monte Solaro al di sopra di Marina Piccola e in altre località.
Il naturalista Ignazio Cerio raccolse questi e altri reperti e ne fu il primo studioso. Tra VII e VI secolo a.C. Capri rientrò nell'area della colonizzazione magno-greca che ebbe in Cuma il suo centro maggiore. Già a quel tempo si creò la frattura storica – oltre quella geografica – tra Capri e Anacapri (la *città di sopra* secondo l'etimologia greca). I due insediamenti alla Marina Grande e sotto il Solaro furono poi amministrativamente unificati in età romana. Ma i destini di queste due comunità si separano definitivamente con l'eclissarsi della *pax romana*. L'isola fu scoperta da Cesare Ottaviano, non ancora Augusto, e divenne residenza stabile di Tiberio negli ultimi dieci anni del suo impero dal 27 al 37 d.C. Furono Tacito e Svetonio a narrarci con toni altamente drammatici le vicende di questo regno e a disegnare un ritratto dell'imperatore in cui crudeltà e dissolutezza assumono fosca evidenza: come capita sovente nella storiografia, la figura di Tiberio sta vivendo una sorta di postuma riabilitazione e molte delle storie sulla sua vita dissipata si sono rivelate delle tendenziose leggende. Ma anch'esse appartengono al mito dell'isola. Senza entrare nel merito di questa rilettura critica sta di fatto che in età tiberiana Villa Jovis – la residenza imperiale che si levava a mo' di acropoli sulla naturale altura di Santa Maria del Soccorso, a picco sulla Marina Grande e prospiciente Punta Campanella – prese il posto che aveva il palazzo dei Cesari sul Palatino a Roma.

Scoprire l'isola

Una città, un'isola, una pianura o una montagna hanno un diritto e un rovescio: sì, proprio come un abito. Questi diversi contesti naturali e artificiali hanno un loro verso, così come il pelo di un gatto volge in una sola direzione. Un'isola celeberrima come Capri ha anch'essa un verso, ma per visitarla conviene andare contro senso. Essa non si turberà se si segue un tale itinerario – non inarcherà la schiena, né soffierà come il gatto – anzi offrirà compiaciuta immagini di sé che altrimenti resterebbero celate. Ma di Capri tutto è noto, tutto si è visto, dipinto, fotografato, di ogni angolo si è scritto; l'unico tentativo è quello di carezzarla contropelo e ci proverò con quel po' di confidenza che ho con essa.
Capri è piccola, piccolissima a petto del suo nome noto in ogni parte del mondo, e l'unico mezzo per conoscerla è tornare all'uso del più antico mezzo di locomozione: le gambe per via di terra, una barca, un gozzo per via di mare.
Gli itinerari più ardimentosi si risolvono in un'ora, un'ora e mezza, di lento andare – senza ambizioni ginniche – possibile a chiunque non abbia perso il gusto di una passeggiata. Proprio come in una caccia al tesoro, ogni punto è buono per partire, non c'è un percorso da privilegiare. Anche se ci si lascia condurre dal caso si percorreranno spazi e si giungerà in luoghi che non deludono mai, che non sono mai impari all'attesa.
Le mete, le tappe, non sono di per sé importanti – possono esserlo, talvolta lo sono – ma è il senso di questo peregrinare assai più intrigante. Gli abitati nell'isola sono tre: la Marina Grande, dove si approda col vapore – da preferire di gran lunga all'aliscafo che troppo velocemente vi scaraventa tra le braccia del porto; Capri – detta ancora "la città" almeno dai contadini più vecchi – attestata a mezza costa tra Monte San Michele, Monte Tuoro e l'altura del Castiglione. Più oltre si erge a picco il sembiante maestoso di Monte Solaro. Questa rocciosa e possente emergenza dolomitica – con i suoi oltre cinquecento metri sul livello del mare – è il baluardo posto a difesa di Anacapri, "la campagna".

p. 2
La Grotta Azzurra in una gouache del XIX secolo.

Vue de la grotta Azzurra dans une gouache napolitaine du XIXe siècle.

The Blue Grotto in a nineteenth-century Neapolitan gouache.

Napoli, collezione Uberto Bowinkel.

Capri

Baluardo non metaforico, ma propriamente morfologico e strategico che ha segnato nei secoli la separazione – giuridica, economica, sociale – tra i due antichi municipi. Nell'abitato di Capri hanno prosperato interessi mercantili, poi turistici; in quello di Anacapri i caratteri agricoli dei campi e delle vigne che sono propri della dolce piana che s'attesta sotto l'altro versante di Monte Solaro e digrada fino all'antico villaggio di Caprile. Da dove partire? Visto che siamo in cima all'isola, muoviamo i nostri passi dalla piazza del Monumento di Anacapri, dove giungono i torpedoni che schiumano turisti giapponesi o angolani, americani o svizzeri. Per qualche centinaio di metri non possiamo sottrarci al loro abbraccio: l'ombrello segnaletico della guida li conduce a Villa San Michele, santuario deputato del turismo di massa. Non ho nulla contro costoro, ma cento metri mescolato a una delle tante truppe che – incessanti – si succedono, bastano. Loro continuano per la stradina che mena alla celebre villa di Axel Munthe, medico e scrittore svedese che eresse a sua patria l'isola a partire dagli anni ottanta dello scorso secolo. Qui si raccolgono reperti in prevalenza d'età imperiale, che furono rinvenuti da Munthe nel corso delle sue campagne di scavo per i fondi dell'isola, dapprima improvvisate, poi sempre più attente. Superata una villa neoclassica, che si leva col suo nitido e zuccherino frontone retto da colonne in cima a un'erta e ampia scalinata, seguiamo il sentiero che s'inerpica ripido. Dopo dieci minuti di cammino, non più di tanto – anche se si è in piena estate – si resta soli: il sentiero sale a dolci tornanti, incassato sotto le pendici del monte, tra alberi altissimi di pini e platani, querce e acacie. La vista s'apre sull'abitato che si distende fino al Pagliaro – toponimo significativo di usi agresti perduti – e conduce fin giù alle rovine d'età augustea di Villa Damecuta e di lì precipita sulla Grotta Azzurra. Poi si tocca con lo sguardo l'acrocoro sassoso di Mesola (toponimo di evidente etimologia greca, "che sta in mezzo"), riconoscibile dalle mura di un fortino a picco sul mare. A Mesola si può scendere per la ripida scala che parte dalla piazzetta di Caprile ad Anacapri, o vi si giunge da uno spettacolare sentiero che si prende sul finire della provinciale che conduce alla Grotta Azzurra: attraversando un percorso iniziatico tra alberi colossali e intrico di grotte, muschi e piante, si giunge in un pianoro scoglioso – a precipizio sul mare – odoroso in primavera di flora spontanea, quasi giallo di ginestre all'esordio dell'estate e arso da un sole cocente che brucia la pelle in agosto. Mutano le tinte con le stagioni. Prati gonfi di rossi papaveri e chiazzati di margherite bianche e gialle in aprile; fogliame ingiallito che il vento sparge a piene mani in autunno, strappando questo manto al bosco che si leva sul versante della Migliara; muschi madidi di pioggia, più morbidi dei più morbidi tappeti, in inverno. Sono i caratteri comuni della flora caprese con impareggiabile gusto narrata da un naturalista scrittore come Edwin Cerio. Gli arbusti assetati col solleone fanno il paesaggio stopposo: ma si può sempre scegliere un altro itinerario raggiungibile con la seggiovia se si è pigri e riparare nel bosco o all'ombra della chiesetta di Santa Maria a Cetrella. Aggrappata alle rocce del Monte Solaro essa offre uno strapiombo, da capogiro, su Marina Piccola. Questo complesso, così appartato – che civilissimi giovani tengono in piedi dedicando ad esso lavoro e tempo libero – è un umile florilegio delle culture che si sono succedute nell'isola. Cetrella deriva da "cedrina", una pianta aromatica tra le tante che si possono riconoscere nella valletta: qui sorse un eremo di frati domenicani sul finire del XV secolo e infatti sono riconoscibili i tratti tardogotici delle origini. Le piccole celle dei frati, il protiro d'ingresso ricavato nella profondità di un'arcata ogivale, il campanile della chiesa, le volte bombate sono tipici caratteri dell'architettura medievale. Ma poi nel Seicento la chiesa e l'eremo furono ristrutturati e questo miscuglio di stili – perfettamente amalgamati – è proprio dei due momenti più felici che ha vissuto l'isola, dopo la grande fioritura d'età classica; vale a dire il Medioevo – lunghissimo – e l'età barocca. Non è necessario, dunque, andare nella Certosa di San Giacomo, con i suoi due chiostri, la chiesa, il refettorio, la svettante torre campanaria conclusa da un carnoso puntale barocco: non perché essa non lo meriti, ma perché Santa Maria a Cetrella nelle sue minuscole dimensioni nessuno la conosce e offre gli stessi segni di una stratificazione secolare. Essa si sottrae alle avide macchine fotografiche dei turisti.
In questa valle, compresa tra Monte Solaro e Monte Cappello, tra un bosco ombroso e una preesistenza così seducente nella sua povertà sobria, spiriti screanzati hanno concepito il disegno di farci un campo da golf. Idea sfrontata che ridurrebbe questo santuario naturalistico – vera oasi in un'isola superaffollata – in una bengodi esclusiva per turisti di lusso, per i quali, come per i giapponesi, ho la massima considerazione: ma non si vede perché bisogna turbare un'area che si è miracolosamente preservata e tale merita di rimanere. Se persino

Jakob Philipp Hackert (1737-1807). Veduta di Capri con il Monte Solaro

Vue de Capri avec le mont Solaro.

View of Capri with Monte Solaro.

Caserta, Palazzo Reale.

Capri

Capri, "La Piazzetta".

nella sconfinata Africa vi sono aree protette, sarebbe davvero increscioso che in questo piccolo scoglio in mezzo al Mediterraneo non ci fosse posto per uno spazio libero, senz'altro fine che esibire la sua struggente malìa solitaria.
Da questa valle si può salire a Monte Solaro e al suo belvedere che offre del golfo una veduta a trecentosessanta gradi: se la giornata è nitida lo sguardo indugia sull'isola dei Galli, di fronte a Positano, e di lì si spinge fino alle violacee montagne appenniniche che proteggono le coste del Cilento. Sotto è l'isola, con i faraglioni a guardia, custodi all'intrico di costa e di anfratti che conducono all'ansa naturale di Marina Piccola.
La Certosa di San Giacomo squaderna il suo enorme chiostro, vera cittadella munita, per secoli estranea all'isola, poi luogo familiare di ricovero. In alto l'acrocoro di Villa Jovis, grande sughero cariato d'età imperiale che imponente si leva con grandi archi di mattoni e amplissime volte battute, idonee a raccogliere ogni goccia d'acqua che Giove Pluvio vuol concedere a Capri. La quale ha avuto sete, per lunghi secoli, e l'architettura è forgiata su questo bisogno con coperture battute di lapillo – imponenti o umili – che hanno proprio la funzione di raccogliere ogni rivolo d'acqua piovana in cisterne capienti. Sicché si può dire che le volte (e le cisterne) sono l'aspetto che meglio caratterizza l'architettura dell'isola. Di qui si può scendere ad Anacapri seguendo il sentiero a mezza costa della Migliara sul quale Alberto Savinio scrisse pagine bellissime; si può anche precipitare su Marina Piccola seguendo l'accidentato sentiero che supera il cosiddetto "Passetiello", unico valico che per secoli – prima cioè che s'apriva la strada carrozzabile – ha collegato Capri ad Anacapri: la "città", con la "campagna". Sono una guida coscienziosa e sconsiglio l'itinerario a chi soffre di vertigini o non ha gambe salde: è impervio, per alcuni tratti diruto. Ma con pochi soldi sta ritornando al suo incanto: non s'ode una voce, solo il coro degli uccelli e la stridula voce dei gabbiani che planano verso il mare a caccia delle loro prede. Questo dei percorsi pedonali abbandonati è una dolente nota: sono spesso dissestati, ingombri d'erbacce e di arbusti, affidati solo ai volenterosi di Lega Ambiente che periodicamente cercano di far pulizia; da qualche tempo anche l'Amministrazione comunale s'è avveduta del problema, ma prego: per ripristinare i sentieri non è necessario cemento, solo una umile e accorta manutenzione! Seguendo il percorso si carezza l'isola contropelo e la si può visitare in ogni stagione avendo la certezza che si incontreranno rari viandanti volti a questo pellegrinaggio che conduce, davvero, alla sua anima. Di qui si domina l'intero arco del golfo e sotto si distende Capri.
La roccia brilla al sole e precipita a lambire la spuma del mare.
Al tramonto la luce è più calda, le tinte inclinano al madreperla, lo specchio dell'acqua riflette bagliori violacei: percorrendo la cresta del monte, in questo tratto orlata di pini, si lascia alle spalle l'eremo di Cetrella e la sua valle spruzzata di cespugli verdi appena nati. Un vento leggero fa vibrare appena le foglie dei lecci, delle querce e dei platani, insinuandosi tra i cespugli di rosmarino, lentischio e menta: spira un'aria profumata e lievi folate più intense di ginestra invadono una gola e quasi stordisce il profumo. Al limite di questa leggera ascesa c'è un belvedere naturale volto verso Ischia e Procida, è come una prua protesa su un abisso azzurro. Ci sono due sentieri: il Passetiello – percorso antico di cacciatori – che scende in angusti tornanti su Marina Piccola; l'altro è detto Anginola e asseconda la roccia come una serpe. È il versante più impervio del Solaro, non ci si può distrarre, conviene guardare il panorama con circospezione: ad un tratto s'apre una profonda gola e in essa è un bosco fitto, dove a stento giunge la luce del giorno declinante. Il sole è già alle spalle della montagna: il crepitio del fogliame sotto i piedi è l'unico rumore. C'è una grotta del tutto buia che converrebbe esplorare. Ma non bisogna aver fretta di scoprire che cosa riservi questo buco nero. Un tratto breve lo si percorre aggrappati a una ferrata e poi a una catena: uno scherzo per i rocciatori, ma qui siamo gente di mare. L'altezza dei precipizi crea una certa eccitazione, altri si sono ammutoliti. Mia figlia Ilaria mi guarda un po' smarrita con i suoi occhi di cerbiatta. Procedo avanti, le do una mano di tanto in tanto, fingo indifferenza dinanzi al baratro che incombe a ogni passo. Giungiamo che è sera sulla via Turina che adduce ai Due Golfi: di fronte è il brillio delle luci di Capri, in basso ritagliati sul fondo i faraglioni immobili sorridono come pietre incastonate nel languido blu del mare.
Ai Due Golfi, ove principia la strada per Marina Piccola da un lato e quella per Marina Grande dall'altro, c'è una scaletta – con un forno profumato di pane caldo e briosce – che riprende l'antico sentiero scavato nella roccia del Solaro dalla Scala Fenicia (d'età greca, non fenicia come vuole il nome). Essa è stata finalmente restaurata ed è per intero percorribile: la sera appare illuminata ed è come una saetta che attraversa il dorso dolomitico di Monte Solaro. Si scende fra alti muri a secco avendo ai lati i

pergolati delle vigne, piante di limoni e di aranci ingabbiati in telai di reti scure, orti coloratissimi di pomodori callosi, melanzane viola, zucchine verdi e alberi di pesche, susine e albicocche. La piana scende lievemente verso la costa ed è dominata dalla roccia scoscesa e dirupata del monte. Volgendo le spalle al mare si scorge Villa San Michele – un po' goffa nella sua pretenziosità vagamente dannunziana – e di lì parte la Scala Fenicia; più sotto è la piccola chiesa di Sant'Antonio – appollaiata come una bianca colomba – poi la scala precipita a capofitto su Capri, qui e lì spezzata dalla strada carrozzabile. Questo tratto dell'isola fu dipinto in una splendida gouache da Philipp Hackert sul finire del Settecento, per ordine di re Ferdinando IV che possedeva qui una delle sue residenze (oggi ridotta alla rovina di Palazzo Canale) quando veniva per la caccia alle quaglie.
Scendendo verso il mare di fronte s'apre il paesaggio col Vesuvio, sul fondo brulicante di abitati lungo la costa. Ad un tratto si attraversa un portico costruito con pali di legno lungo i quali s'arrampicano le viti e i rami torti delle piante di glicini. È così fitto e profumato il tessuto viola pallido e azzurro dei glicini che conviene sostare: di rado sale qualche contadino, l'ombra è accogliente, riposante, il profumo si fa più intenso sotto questo tetto naturale. Staccarsi di qui non è facile, ma ci sono altre sorprese lungo il percorso e – superata la piana del campo sportivo – sotto s'ode il mare e si incominciano a vedere mattoni, strutture murarie ad *opus reticulatum*. Nei giardini si scorgono alberi di ibiscus con fiori scarlatti e gialli, sontuosi per la loro carnosa evidenza. Non profumano gli ibiscus, hanno speso ogni loro energia per esibire i loro petali vellutati. Siamo ormai nella contrada di Palazzo a Mare: si fanno più fitti i resti di antichi muri posti a reggere le terrazze, che dal campo sportivo – già Campo di Marte agli esordi dell'Ottocento, quando l'isola fu conquistata dai francesi di Gioacchino Murat e sottratta agli inglesi – giungono fin sopra ai Bagni di Tiberio. Questa è l'insenatura in cui sorse l'antico porto romano, qui in età imperiale fu costruita una residenza imperiale, che Augusto e Tiberio abitavano in estate, per la freschezza del luogo e per la prossimità al mare. Unica *villa maritima* tra le numerose disseminate per l'isola, non fu facile per Amedeo Maiuri ricomporne i resti: ma fu lui a proporcene un rilievo, sulla scia di altri studiosi che, tra fine Settecento e Ottocento, si dedicarono ad appassionate indagini archeologiche alla ricerca delle architetture d'età augustea e tiberiana. Chi ha di questi interessi specialistici può tornare alla guida mirabile di Maiuri, ma anche chi non ne ha non sfugge alla suggestione delle rovine maestose che affiorano dal mare. Dov'è l'*ephebeum* in cui Augusto – racconta Svetonio – assisté ai giochi dei capresi? Dove lo *xystus*, giardino della villa imperiale? Dove l'*ambulatio* in cui passeggiava il triste Tiberio per liberarsi dai clamori di Roma? Tra il mare e la costa si leva il resto di un grande ninfeo, ben chiaro, visibile, oggi riparo di barche messe a secco. Il mare è verde lungo la spiaggetta, d'un verde trasparente di smeraldo: si formano quasi dei laghetti d'acqua tiepida e bagnarsi in essi è come tornare in un utero accogliente, madido di alghe e muschi, con filamentose bave morbide come la seta. Sopra questo specchio si leva una palafitta con un ristorante casalingo, non esoso, e si mangiano melanzane arrostite, alici marinate e pepate, si beve un vino asprigno e sulfureo com'è il vero vino di Capri, di colore appena pallido e torbido, di bassa gradazione. Chi vuole può risalire il sentiero, ma sono pochi a farlo: non tutti si fermano alle alici marinate e allora una barca comodamente riconduce al porto di Marina Grande. In estate questo stabilimento balneare è gremito come un uovo di bambini vocianti, come solo sanno esserlo loro, ma basta nuotare per cinque minuti per trovare riparo tra enormi sassi levigati, cocenti di sole, sui quali sdraiarsi, tenendo la testa all'ombra e i piedi in acqua.
Il gusto e il piacere di andare contro senso sta semplicemente in ciò: anche in agosto a Capri basta spostarsi di qualche centinaio di metri dai gorghi più affollati per godersi una solitudine da isola di Pasqua. Francamente non capisco, né ci provo a capirli, gli affluenti villeggianti che con mastodontici motoscafi e sontuose barche si ritrovano alla stessa ora di ogni giorno nelle stesse cale – spesso bellissime – che divengono, a causa di questo assembramento, fetide: per le macchie oleose di nafta, per il puzzo dei motori, per le scorie che l'inciviltà – ahimè! – degli astanti sovente distribuisce intorno. Accuratamente conviene evitare questi finti salotti. Non perché sia un dandy o uno snob, ma non c'è bisogno d'esser particolarmente sofisticati per capire come sia incongruente trovarsi in uno dei luoghi più belli del mondo e ricreare usuali riti mondani dai quali si fugge.
Di luoghi da scoprire, di angoli appartati da godere, Capri ne offre tanti e farne l'elenco non ha senso: ogni depliant turistico li esibisce. Ma è da escludere che qualcuno parli del cimitero di Capri, attestato nella prima curva della strada che conduce a Marina Grande. Altissimi cipressi ne

Capri

Veduta aerea della Certosa di San Giacomo a Capri e scorcio del chiostro.

Vues de la chartreuse de San Giacomo à Capri et de son cloître.

Views of the Certosa di San Giacomo at Capri and of its cloister.

segnano il perimetro, all'interno due terrazze, attraversate da viali, in religioso silenzio accolgono i loro ospiti. Taluni celebri come Jacques Fersen, Compton Mackenzie e Norman Douglas: quest'ultimo geniale scrittore scozzese, bizzarro, povero e gaudente, che trascorse nell'isola circa metà della sua vita e qui scrisse, a partire dai tempi della grande guerra, alcuni dei suoi testi più celebri. Il cimitero acattolico o degli stranieri è un campionario di tombe che testimoniano i gusti e le culture delle tante nazioni che elessero a domicilio Capri. Tedeschi, svizzeri, russi, svedesi e americani, francesi e polacchi, austriaci e inglesi giramondo si quietarono delle loro ansie, diedero sfogo alle loro passioni, godettero dell'isola fino a non volerla più lasciare.

Questo luogo mi è caro: quando passo sempre un grato pensiero volgo a Frau von Moor, pediatra viennese che mi curò neonato, negli anni della guerra quando non c'era penicillina. La signora era giunta in Italia con un principe russo – vero, non da "operetta viennese" – poi l'abbandonò, per un più rude marinaio, e il principe si fece saltare le cervella. La ricordo vecchia e claudicante che sorseggiava granite al caffè in un baretto di Anacapri col suo amico Graham Greene. L'autobiografia della von Moor l'ha curata postuma Greene, ospite usuale dell'isola, dove si rinserrava nella sua casa di Caprile, "Il Rosaio", costruita, fra le tante disseminate per l'isola, da Edwin Cerio. Usciva di mattina presto, girava per il mercatino di Anacapri, con la sua borsa della spesa. Portava un cappello di Panama – lui *Agente all'Avana* – cappello a larghe falde che quasi copriva i suoi freddissimi occhi cerulei. Mai gli ho sentito dire una sola parola in italiano, lingua che immagino conoscesse benissimo.

Non era molto incline alla conversazione Greene, ma se capiva che voi sapevate chi fosse era persino disposto a intrattenersi. Un inglese d'altri tempi, con tutta l'alterigia di chi nacque sotto le insegne dell'Impero britannico. La sua presente memoria riconduce anche a una Capri d'altri tempi: quando era sindaco Edwin Cerio, quando in piazzetta sedeva Sartre con Simone de Beauvoir, Romolo Valli girava con le sue palandrane di lino bianco e Frank Coppola vestiva solo abiti di grisaglia, come stesse a Chicago. Pur non avendo l'età di Matusalemme, questa gente l'ho vista girare per l'isola, e il suo fascino nasce anche da questo alone di cultura e mondanità sfrenata, con celebri dive e miliardari come Paperon de' Paperoni. Solo a Onassis e alla Callas fu consentito di attraversare la piazzetta in auto fino all'Hotel Quisisana.

Capri non è solo storia: le ville imperiali e il gotico cistercense, la splendida architettura secentesca, il cauto modernismo dandy di Villa Fersen e il secco funzionalismo di Villa Malaparte; non è solo natura: le grotte sede di riti magici e misterici, gli scoscesi dirupi delle rocce dolomitiche, il profumo del lentischio e l'intenso aroma delle ginestre.

Capri è impastata di memorie e di presenze che hanno intriso di sé ogni angolo. Grazie a questo amalgama è divenuta un luogo dell'anima: quest'anima c'è, non si può certo dire che palpiti come una volta, ma essa non si può cancellare. Non ci sono folle – per quanto turbolente – capaci di lacerare questo velo che l'avvolge, non c'è impudicizia edile – e non ne mancano! – tale da sottrarci questa memoria. Essa appartiene all'isola e a chiunque sia capace di impossessarsene: e le immagini, le memorie, i ricordi nessuno ce li può sottrarre.

Il paesaggio e l'architettura

Quantunque Capri sia nota in tutto il mondo per esser l'isola dell'azzurro e del mare, delle rocce dirupate e della vegetazione dai tratti lussureggianti, questo intrico verde che oggi la caratterizza è un contributo molto recente alla sua immagine paesistica. Se infatti indugiamo sulle molte fotografie che documentano l'isola dalla fine dell'Ottocento e per i primi decenni del nostro secolo ci rendiamo facilmente conto che era brulla e sassosa, anche in aree che oggi non riusciremmo a immaginare senza il manto di alberi, orti e giardini ornamentali. L'ulivo e la vite sono piante presenti da sempre nell'isola, capaci di crescere anche in aree pietrose e arse, come può vedersi in ogni contrada mediterranea; poi sono stati piantumati il castagno, la quercia e il faggio, diffusi con maggiore ampiezza soprattutto nei declivi boscosi di Anacapri. Il paesaggio agrario, pertanto, appare da queste immagini assai meno vario e più risicato di quanto non sia oggi. Attraversando questo repertorio visivo – il Centro Edwin Cerio possiede (possedeva?) una straordinaria raccolta di lastre – che documenta la presenza di questa macchia, ci si accorge che essa era intervallata agli agrumeti e agli orti coltivati a fave, verdure, fagioli, ceci, "cicerchie", lenticchie, miglio che erano essenziali per alimentare la popolazione. Sappiamo che sin dall'età angioina l'isola veniva approvvigionata di frumento, impossibile da coltivare nelle sue terre sassose e dirupate. Questo breve cenno all'aspetto agrario, al fitto tessuto degli orti – separati da muriccioli a secco che delimitavano le singole e minuscole proprietà, segnate da viottoli scoscesi, rampe e scale che collegano i diversi terrazzamenti –

p. 10
L'isola di Capri in una gouache dell'800.

Vue de l'île de Capri dans une gouache du XIXᵉ siècle.

The island of Capri in a nineteenth-century gouache.

pp. 12/13, 14/15, 16
Karl Wilhelm Diefenbach (1851-1913)
*La Grotta Bianca
Alba dal Monte Solaro
L'Arco Naturale
Certosa di San Giacomo, Museo.*

Diefenbach, pittore anticonformista
Inoltrandosi nella Certosa che adduce al refettorio, dove ancora si leggono resti di affreschi sopravvissuti alle vicissitudini della storia, si ha subito un effetto di straniamento: ci si imbatte infatti in tele enormi, bituminose, rese tali anche dalla scarsa luce che piove negli ambienti che si succedono. In queste sale maestose e lungo i corridoi di collegamento sono ospitate molte tele di Karl Wilhelm Diefenbach, nato all'indomani del Congresso di Vienna e morto prima che iniziasse la grande mattanza della prima guerra mondiale. Eppure nessun artista fu più estraneo alla politica e alla guerra, anzi la sua vita fu un rifiuto commosso e risentito al crogiuolo dei conflitti nazionali e sociali che segnano l'Ottocento. La sua pittura non eccelle per qualità di disegno o composta misura di forme, non si distingue per finezza di dettato o esuberanza cromatica, eppure queste tele così singolari e magmatiche sollecitano rimandi, sollevano interrogativi, insinuano ombre nell'animo di chi butta l'occhio su di esse. Gli eredi le donarono al Museo della Certosa nel 1975 ed esse sono divenute parte di questo ambiente, non del tutto estraneo alla sensibilità dell'artista. Il quale, come uno della Confraternita di San Luca, ebbe una vita ritualmente monastica anche se ebbe moglie e figli, una vita piena vissuta con frugalità e sentimento panteistico: in comunione con il sole, la terra, il mare, secondo un modello culturale che attraversa in profondità la cultura tedesca e che spinse molti suoi compatrioti sulle coste tirreniche: ulissidi alla ricerca di una perduta, primigenia, identità con la Natura. L'artista divenne così naturalmente caprese per aver trascorso nell'isola gli ultimi tredici anni della sua vita. Anni decisivi e densissimi per la sua attività creativa, per la rigenerazione che qui visse la sua arte di paesaggista fuori le righe della tradizione, di simbolista intriso di Egitto e di Oriente: la sua fu una scelta radicale contro l'arte dei Salons, contro il mercato che brulicava attorno ad essi. Un mondo che Diefenbach conobbe assai bene, ma col quale intrattenne rapporti per così dire di necessità e dal quale si allontanò definitivamente dopo aver lasciato Vienna

ci consente di dire che Capri, fino alle soglie del nostro secolo, era un'isola simile a certe brulle contrade della Grecia e della Sardegna che ancora oggi offrono questo paesaggio arcaico, con rare chiazze a bosco e a pascolo. Le vecchie foto di Marina Piccola – che riprendono il tratto soprastante, la così detta Torre Saracena – mostrano uno scosceso digradare di stretti pianori sassosi, senza un albero e un filo d'erba. Ancor più sorprendente è lo stato del vasto altopiano che conduce verso Villa Jovis: solo gli ulivi si riconoscono, poche viti e agrumeti, rari orti strappati a larghe distese di sterpi. Il Monte San Michele – oggi ricoperto da una delle macchie boschive più dense e magnifiche dell'intera isola – era completamente brullo. Questa penuria di coltivazioni è in larga parte la conseguenza delle difficoltà di accesso alle poche fonti d'acqua sorgiva: di qui la necessità di creare capienti cisterne – su cui giungono canali disposti in verticale e orizzontale – che furono primario servizio di ogni casa. Anzi è la cisterna che, fin dall'età classica e forse ancor prima, determina la tipologia di ogni residenza, così come le caratteristiche coperture a volta sono un'invenzione costruttiva per il raccoglimento delle acque piovane. Celeberrimo il caso delle possenti volte, oggi in parte crollate, di Villa Jovis che convogliano le acque di scolo in un sistema immenso di cisterne sul quale si levava l'arce tiberiana. Ma al di là delle dimensioni e della solennità delle architetture di questo austero monumento di età imperiale e di fondazione augustea, ogni più modesta e minuscola casa contadina è costruita sul medesimo principio tipologico. Questo sistema di volte trapassa nei secoli, indifferente in qualche modo al mutare dei linguaggi architettonici:

di recente è stato infatti ribadito da Gaetana Cantone e Italo Prozzillo che nel complesso della Certosa di San Giacomo, di fondazione trecentesca, le coperture possono considerarsi un repertorio di forme e di soluzioni statiche che hanno profondamente influenzato l'edilizia privata dell'isola, da quella più umile e povera a quella più ricca e pretenziosa. Tutti questi frammenti edilizi, a volte contigui o separati da impervie stradine, costituiscono un tessuto che nei secoli si è fatto più denso e che compone – in corrispondenza dell'abitato compatto – un insieme che si aggrega attorno a qualche palazzo, attorno a chiese, cappelle e conventi che sono stati sempre i noccioli dell'espansione urbana e i centri motore della povera economia dell'isola. In effetti poche famiglie – gli Arcucci, i Farace sin dal XIV secolo – gli ordini religiosi e la Chiesa secolare sono stati a partire dal Medioevo sempre il ceto dominante di una società prevalentemente agraria, che aveva la sua piazza del mercato, con attorno magazzini di raccolta e di smercio per le derrate alimentari, vani terreni per le primarie attività dell'artigianato, non che forni per la produzione del pane, frantoi per la spremitura delle olive, tini e botti per il vino. Certamente più dinamica fu la comunità rivierasca legata alla pesca, alla costruzione di imbarcazioni, ai commerci con i centri viciniori del golfo: ma essa fu attiva solo a Capri, addensata in origine in prevalenza attorno alla bella chiesa d'impianto bizantino di San Costanzo sul pianoro prospiciente la Marina Grande, mentre la popolazione della "campagna" di Anacapri rimase, fino agli esordi del Novecento, del tutto chiusa nella propria condizione agraria.
Si fa fatica a immaginare cosa fosse l'attuale piazzetta di Capri, oggi

crepitante di tavolini e attraversata da folate di variopinti turisti, in età di antico regime. Era un disadorno sterrato destinato a mercato su cui si affacciava il palazzo vescovile (inglobato nell'attuale Municipio), con la torre campanaria di foggia romanica a cui era forse addossata una delle porte e una cinta murata d'antichissima origine e più volte ricostruita. Per un lungo tratto queste solenni mura greche sono miracolosamente intatte e si possono scorgere in un giardino posto all'inizio della gradinata che scende dalla piazza verso Marina Grande. Sul versante opposto di questo largo sorge la cattedrale di Santo Stefano, di fondazione secentesca, che volge la sua facciata non verso la piazza, ma perpendicolarmente al contiguo palazzo signorile degli Arcucci (oggi Palazzo Cerio): questo induce a pensare che ancora nel XVII secolo l'attuale piazzetta non si configurava come un assieme propriamente urbano, ma era piuttosto un'area non-finita destinata a ospitare i banchi nei giorni di commercio o di fiera. Una vera piazza in senso urbano, sia pur risicata, era compresa tra il sagrato di Santo Stefano, Palazzo Arcucci e Palazzo Farace: di lì parte via Madre Serafina di Dio, in un primo tratto coperta (dove è oggi il ristorante Gemma), che in origine doveva essere un camminamento esterno alle mura come ha di recente ipotizzato Roberto Berardi. Lungo queste vie sono sorti nel tempo altri edifici i cui vani terreni erano destinati a botteghe e a magazzini. Altre strade si dipartono dal largo sottostante (attuale piazzetta): le anguste via delle Botteghe e via Longano, e poi via Sopramonte, in un intreccio che si fa sempre più fitto con sentieri trasversali e diagonali che formano una trama, ancora oggi per larga parte preservata, di un corpo

per l'Africa, la Tunisia, l'Egitto, il Cairo e infine Capri. Dove si rifugiò per lo scandalo suscitato dal suo modo di vivere, dalla sua teosofia e dal suo nudismo. Un clima ben espresso dalla comunità di Monte Verità ad Ascona, presso la quale risiedé maturando il proposito di abbandonare una società che giudicava corrotta e filistea. Capri e non Ascona scelse come sua ultima dimora e una lapide, semplice, lo ricorda nel cimitero di Capri, dove pure dormono un dandy come il barone Jacques Adelswaerd de Fersen e il talento scapigliato di Norman Douglas. Nella sua pittura il simbolismo è parte integrante di un universo stralunato in cui si rinvengono tracce della tradizione del grande Caspar Friedrich, a cui sarebbe stolto accostare il nostro. Più genuine le tele in cui il pittore si misura con topoi – pur tanto illustrati – dell'isola. Mare in tempesta vien fuori tutto da una attenta lettura di William Turner: mare, spruzzi d'acqua, flaire d'onde tra scogli intarsiati dal soffio furente del vento e della pioggia. In una piccola tela illustra la via Krupp a Marina piccola: si snoda questo nastro di pietra come una serpe nel corpo rovente della roccia, sul fondo il crepitare azzurro, cilestrino, smeraldo delle onde del mare sulla costa, poi il sembiante dolomitico del Solaro che s'erge a dominare la scena. Capri nella nebbia e Capri al tramonto sono dei sottili profili – omaggio evidente alla moda del panorama – delle verdeggianti piane fra Cetrella e la Migliara: sul fondo il profilo della penisola sorrentina. L'intensità di queste tele ci comunica quanto Diefenbach fosse un pittore dotato, dalla voce autentica che seppe dire parole non banali su temi che erano già stati intaccati dall'erba maligna del luogo comune.

Capri

L'unico edificio preesistente alla costruzione di Villa San Michele, e da questa inglobato, era la cappella dedicata al Santo, dalla classica volta caprese estradossata e dall'invidiabile posizione panoramica.

Seul édifice existant avant la construction de la villa San Michele, qui l'a ensuite englobé, la chapelle dédiée à saint Michel se distingue par sa voûte extradossée typiquement capriote et sa position panoramique.

The only building antedating the construction of Villa San Michele itself, and subsequently incorporated into it, was the chapel dedicated to the saint, with its typically Caprese extradossed vaulting, and a truly enviable panoramic position.

I Pozzilli, resti di antichi pozzi di epoca augustea.

Les Pozzilli, vestiges de puits antiques d'époque augustéenne.

The Pozzilli, remains of ancient wells from the Augustan age.

medievale che segna indelebilmente la morfologia di questo abitato. Ai margini di esso, in una delle poche aree pianeggianti protette dal maestrale dalla dorsale del Solaro, sorge la possente Certosa di San Giacomo, ancora oggi uno dei più vasti complessi monumentali dell'isola; fu eretta intorno al 1366, per adempiere a un voto, dal conte Giacomo Arcucci, ammiraglio e consigliere della regina Giovanna d'Angiò, che contribuì alla realizzazione dell'impresa.

La Certosa è perfettamente aderente alle regole monastiche dell'ordine: infatti è circondata dallo *spatiamentum*, vasto territorio che garantiva il romitaggio dei frati, assicurato, oltre che dallo strapiombo naturale sul mare, dalla presenza della cinta murata che circondava l'abitato di Capri. L'impianto tipologico è del tutto analogo a quello della coeva Certosa di San Martino a Napoli, a conferma delle severe norme tipologiche perseguite dall'ordine. Il primo blocco costruito, collocato alla fine del viale di accesso, è composto da due edifici: la casa di guardia, poi divenuta farmacia, e la piccola "cappella delle donne" fuori clausura. Dal primo nucleo si passa al viale d'ingresso su cui si affaccia la chiesa – nella lunetta del portale e nell'abside si riconoscono tracce degli affreschi trecenteschi – a cui è annessa una torre a pianta rettangolare: questa segna con un portale l'accesso alla zona conventuale, organizzata, come previsto dalla regola certosina, secondo una rigida divisione degli spazi e delle funzioni. Tra la chiesa e il refettorio è compreso il chiostro piccolo: una galleria coperta separa questo lato dal complesso dei cellari e dei magazzini a cui segue l'alloggio e il giardino del priore. Il chiostro grande, di fondazione secentesca, conclude in modo monumentale il complesso che, nonostante sia stato costruito nel corso di almeno tre secoli, conserva una invidiabile unità morfologica: determinata dalla copertura di tutto l'organismo conventuale, risolta con l'uso delle volte estradossate, rivestite dal caratteristico "battuto di lapillo", comune all'architettura della costiera amalfitana e riferibile alla forte influenza dell'architettura greco-bizantina. Ed essa ci riconduce a San Costanzo alla Marina Grande, uno degli episodi più splendidi dell'architettura isolana, risalente al X secolo: al bizantino impianto cruciforme – segnato all'interno dagli slanciati archetti a sesto rialzato e all'esterno dall'estradosso della cupoletta conica e delle quattro volte a botte che coprono i bracci della croce – intorno al 1330 si aggiunge sul lato sud, ad opera del conte Giacomo Arcucci, un ampio presbiterio quadrato, coperto da una volta a crociera estradossata, che costituisce una delle prime testimonianze gotiche dell'isola e il cui inserimento fece mutare l'orientamento della chiesa. Intorno ad essa si raccoglieva l'antico villaggio di Aiano (che aveva in San Costanzo la sua diaconia), progressivamente abbandonato quando la popolazione si trasferì nella sella in cui sorse l'abitato di Capri. La sede vescovile fu infatti trasferita sul finire del Cinquecento nella chiesa di Santo Stefano, in cui si fondono il linguaggio barocco della facciata e della cupola e l'originale articolazione degli archi e delle volte a botte delle cappelle laterali.

È quest'amalgama, perfettamente realizzato, fra stili eterogenei a conferire un carattere particolare e inconfondibile all'architettura dell'isola. Un insieme che mi conferma nell'idea che in aree marginali – come sono appunto le isole – possono formarsi linguaggi di singolare individualità dal carattere ingenuo e popularesco che hanno il sapore spontaneo dei dialetti.

In tal senso un piccolo capolavoro è la chiesa di Sant'Anna, preceduta da un piccolo sagrato con tre colonne che reggevano, in passato, una pergola. L'impianto della chiesa è di età bizantina, poi rielaborata nel Trecento e nel Seicento. L'aula rettangolare suddivisa in tre navate e trova la sua conclusione in tre absidi estradossate, in proseguimento degli spazi interni, seguendo uno schema di molti impianti di fondazione bizantina. I materiali di spoglio d'età romana, gli affreschi trecenteschi nell'absidiola di destra, il corpo a corpo tra i muri perimetrali con le case che vi si addossano, la facciata secentesca e ingenuamente barocheggiante divengono occasione di un dialogo sommesso sul filo di molti secoli, durante i quali la storia s'è come accartocciata riducendo le distanze in cui il tempo degli stili architettonici si evolve. In un solo, piccolo edificio, tutto si confonde e si contrae.

I pochi cenni offerti su alcuni episodi significativi della architettura caprese sono solo un segno della ricchezza di questa tradizione che dall'età romana si spinge – in una invidiabile continuità – fino al Novecento. Di questo nostro secolo un solo episodio segnalerò: la Villa Malaparte a Punta Massullo. La si scorge dal mare nel tratto roccioso poco distante dai Faraglioni o percorrendo lo straordinario sentiero di Pizzolungo, che dall'altezza del belvedere dell'Arco Naturale si distende tra zone alberate e straordinari squarci di panorama. La villa costruita per lo scrittore toscano negli anni Quaranta, è usualmente considerata opera di Adalberto Libera, che di certo firmò un primitivo progetto del tutto dissimile dall'opera realizzata: ma al di là del problema di chi sia stato il suggeritore di queste risolutive modifiche, rimane il fatto che il prisma incastonato nella roccia e spalancato sul mare resta un gesto genialmente risolto. La rastremata scala che porta al tetto praticabile ci riconduce ai gesti più audaci dell'avanguardia modernista europea.

Aria, terra, fuoco

Sul finire dell'agosto del 1993 Capri divenne ancora una volta l'isola del fuoco. Ho memoria del grande incendio del 1967 e poi di quelli che si sono succeduti con sinistra periodicità negli anni Settanta e Ottanta. Ma nessuno aveva raggiunto la violenza del rogo che divampò per l'isola negli ultimi giorni di agosto. Già a metà mese, nella bassa collina che digrada con pianori verdeggianti verso Cala Ventroso, alle sette di mattina il cielo era stranamente grigio di fumo, poi si levarono lingue fiammeggianti che un vento arido sparse per la valle. Fu spento questo focolaio, ma era solo l'annuncio di un disastro ben più grave. Nell'ultimo fine settimana di agosto, si levò un vento forte di tramontana e poi si vide rosseggiare il verde manto di pini marittimi che coprono il fronte di Monte Solaro che s'affaccia su Anacapri. Lungo la linea della seggiovia il fuoco divampò alle cinque del pomeriggio: subito si vide che il vento alimentava quel serpente incandescente e lo spingeva con violenza per le pendici più alte e più dense di vegetazione di Monte Solaro. La stessa fascia era stata rimboscata dopo l'ultimo incendio del 1981: il rimboschimento a pino marittimo fu sicuramente dettato dalla necessità di piantumare un'essenza che cresce con relativa rapidità. Ma la fretta non è mai buona consigliera: infatti il pino è una pianta resinosa assai poco idonea a difendersi da questo rischio ricorrente. Per il futuro sarà più saggio privilegiare castagni, querce, lecci che reggono meglio al fuoco e assolvono con proprietà alla funzione di contenimento della montagna. Chi conosce la montagna di Capri sa che il sottobosco è in uno stato d'abbandono desolante e dopo mesi di completa siccità tutto si riduce a paglia; basta una cicca di sigaretta o un improvviso falò per bruciare la sterpaglia e trasformare tutto in un rogo. Queste sventure di fine estate che devastarono Capri furono provocate dall'insipienza e dall'abbandono, più che da miope e delittuoso interesse particolare. Capri non è la Sardegna, dove l'incendio è da anni un miserabile sistema di sopravvivenza alimentato dai pastori e da un criminale business. L'isola di Tiberio vive d'altro e vive assai bene.
Al tramonto la valanga di fuoco aveva già risalito le falde di Monte Solaro e lo spettacolo che si offrì in una notte nitida, resa più trasparente dal vento di maestrale che spazzava l'isola, fu di quelli che non si dimenticano. Dalla collina su cui sorge Villa Jovis, o dai Due Golfi, la cresta del Solaro appariva cinta da una balugginante corona di fuoco, frastagliata, mobile, che s'alzava in alte lingue rosseggianti coprendo l'intero fronte più alto del monte verso Marina Piccola, dalla Grotta delle Felci al Passetiello. Questa immagine mi fece immediatamente capire che la copiosa tradizione vedutistica che raffigura Monte Nuovo, sorto in una notte di metà Cinquecento nei Campi Flegrei, così come quella del Vesuvio in eruzione che tra Seicento e Settecento – uno dei *topoi* della pittura napoletana – non fu frutto esaltato dalla poetica del pittoresco: ma dato realistico, come testimoniano le splendide tele di Bonavia o di Vervloet, di Wright of Derby o di Pietro Fabris.
Il Solaro in quella notte insonne appariva come un Vesuvio in eruzione che non due o tre bocche di fuoco aveva, ma l'intera cresta del monte che volge da un lato verso l'abitato di Capri e dall'altro su quello di Anacapri. Si potrebbe dire, se si fosse Nerone, che l'immagine nella sua violenza era suggestiva: parola impronunziabile se appena si pensa alle vittime, agli ustionati e ai feriti, all'irreparabile danno paesistico che essa nasconde. Conquistata la cima del monte il fuoco incominciò a piovere sulla Grotta delle Felci, area densa di case e già sede del primo insediamento della Capri preistorica, poi s'incuneò lungo gole dirupate e inaccessibili: si videro segmenti di fuoco che fendevano il dorso dolomitico della montagna, per scomparire nel folto della macchia e poi di nuovo lampeggiare come lame incandescenti e altissime nel blu cobalto della notte.
Il rogo durò tre giorni e tre notti. Contemporaneamente bruciavano Ischia, Sorrento, Monte Faito, il Vesuvio e persino alcune aree di Posillipo a Napoli. Il sereno azzurro del Golfo era divenuto un impietoso e contraddittorio spettacolo. *Mater Tellus*, canta Lucrezio nel *De Rerum Natura*, e qui nel golfo delle Sirene, a cospetto dei miti omerici e virgiliani, tutto sembrava essere ritornato alle origini quando terra, acqua e fuoco erano un tutt'uno. Ma il frusciare di animali meccanici nel cielo ci riconduceva al nostro tempo non eroico. Con spericolato senso del dovere elicotteri piccoli e grandi, aerei con ritardanti e con acqua volarono dall'alba al tramonto su questo acrocoro combusto sfiorando il Solaro, infilandosi nelle gole per raggiungere i fuochi che

pp. 20/21
Maurice Boutterin (Envoi de 1914).
Il palazzo di Tiberio a Capri.

Le Palais de Tibère à Capri.

The Palace of Tiberius at Capri.

Paris, Ecole nationale supérieure des beaux-arts.

Capri

Qualche consiglio per approfondire
La bibliografia è una rigogliosa foresta e ne è una testimonianza l'opus di
C. Sandomenico, Capri. Bibliografia dell'isola di Capri, *La Conchiglia, Capri 1993.*
Per il carattere del mio scritto, prezioso è il recentissimo
N. Pulita-R. Esposito, Guida ai sentieri e ai percorsi naturalistici di Capri e Anacapri, *Edizioni La Conchiglia-Legambiente, Capri 1999.*
Un'aggiornatissima sinossi è contenuta in
AA.VV., Capri Antica dalla preistoria alla fine dell'età romana, *a cura di E. Federico e E. Miranda, La Conchiglia, Capri 1998.*
Una guida molto puntuale è quella di
R. Bortolotti, Capri. La natura e la storia, *Fratelli Palombi, Roma 1990.*
Per gli aspetti nauralistici si veda
M. Ricciardi-S. Mazzoleni, Flora. Una storia di Capri, *Electa Napoli, Napoli 1991.*
Un quadro di sintesi dei fenomeni legati anche al turismo è quello di
A. Andrén, Capri dall'età paleolitica all'età del turismo, *Fondazione San Michele, Capri 1991.*
Sugli aspetti geologici si veda
G. Kyrle, Le Grotte dell'isola di Capri, *a cura di E. Mazzetti, Istituto Geografico Militare, Firenze 1998.*
Sull'architettura e l'urbanistica
G. Cantone-I. Prozzillo, Case di Capri. Ville, palazzi e grandi dimore, *Electa Napoli-Edizioni La Conchiglia, Napoli, 1994 e E. Berardi, Giunti, Firenze 1994.*
Sull'imagine di Capri in età moderna e contemporanea
AA.VV., Il mito e l'immagine. Capri, Ischia e Procida nella pittura dal '600 ai primi del '900, *Nuova Eri, Roma 1988.*
A. Basilico Putaturo, Pittori a Capri 1850-1950, *Edizioni La Conchiglia, Capri 1994.*
Sull'immagine fotografica
C'era una volta Capri. Un secolo di immagini 1857-1957, *con testi di E. Cerio, Electa Napoli, 1988.*
Fra i testi letterari, piccole gemme, segnalo
A. Savinio, Capri (1926), *Adelphi, Milano 1988.*
Letture di fascino ineguagliato restano
A. Maiuri, Breviario di Capri, *Le tre Venezie, Padova 1947 (ahimè mai più ristampato) e*
R. La Capria, Capri e non più Capri, *Mondadori, Milano 1991.*
"L'Almanacco", *edizioni La Conchiglia, Capri, da dieci anni offre primizie sul tema.*
Per ultimo, se mi è consentito,
C. de Seta, Capri, *con una guida ai monumenti archeologici di A. Stazio e R. Pulinas Stazio e antologia di viaggiatori dal Seicento al Novecento di T. Pacini. Fotografie di Luigi Ghirri e Mimmo Jodice, Eri, Roma 1983; II ed. 1990, edizione economica 1991.*

ardevano in luoghi inaccessibili. Il rombo degli aerei che calano in picchiata, il ronzio insistente degli elicotteri creano un senso di angoscia nonostante la loro funzione salvifica. Di fronte al fuoco che avanza ci si sente in balìa di una violenza incontenibile e oscura, che il vento alimenta con una forza imprevedibile e una velocità insospettata.

La rivincita

In primavera scendo sempre lungo il percorso così detto dei cacciatori che dal punto più alto del Solaro, costeggiando la cresta del Monte, digrada fino al belvedere della Migliara. È una passeggiata relativamente agevole, di due ore, che offre uno straordinario panorama che comprende i Faraglioni da un lato e la Punta del Faro dall'altro. Un panorama da vertigini che s'apre ad un tratto in un fitto bosco e si volge verso l'abitato di Anacapri. Placato l'incendio rifeci quel percorso: tutto era nero, combusto, gli alberi scheletri rinsecchiti e dolenti, i tratti entro cui ci si faceva strada a fatica per la macchia di mirto e rosmarino, genziana e ginestra, cisti e ancora altre specie della macchia mediterranea, erano divenuti aride strade di roccia annerita. Sull'altro fronte c'è la valle di Cetrella, paradiso naturalistico ancora incontaminato e lo spettacolo era davvero lunare. Le pendici a nord e a sud che cingono ad anfiteatro la conca erano per intero bruciate: i terrazzamenti nudi, il nero e il bianco manto della cenere creavano l'effetto singolare di un brullo paesaggio innevato. Per fortuna il mallo più prezioso di Cetrella era rimasto intatto: sicché l'immagine era quella di un cratere lunare con al centro un serto verde miracolosamente rigoglioso.

Scendendo per il Passetiello, dove il fuoco s'era insinuato per un lungo tratto, massi enormi avevano fatto franare il percorso ripidissimo; i rischi erano certo di smottamento della montagna, che precipita in alcuni punti sulla provinciale che collega Capri ad Anacapri. Sotto la cenere era arso a lungo il fuoco e talora si affondava fino al ginocchio. La pioggia aveva fatto una benefica pulizia, ma c'era rischio per il dilavare dell'acqua in un terreno che aveva perso il suo manto di alberi e macchia in molti tratti. Mi accorsi che alcuni rami erano verdi, buttavano già i primi germogli: un segno di speranza, la vita continua.
È indispensabile una politica di prevenzione dagli incendi: il sottobosco esige manutenzione, ci vogliono barriere frangifuoco, sono necessarie cisterne e un sistema di canalizzazione dell'acqua per aggredire il fuoco non appena divampi. La riforestazione va fatta con la dovuta intelligenza nella scelta delle specie. L'imperatore Tiberio aveva disseminato l'isola di gigantesche cisterne per l'approvvigionamento dell'acqua, gli abitati stessi di Capri e Anacapri sono cresciuti assecondando la topografia di queste fonti naturali o artificiali; oggi tutto dovrebbe essere più facile e semplice, eppure così non è.
Senza abusare delle parole, rifuggendo dalla retorica, non si può fare a meno di pensare che luoghi come Capri meritano mani più attente per la tutela di una bellezza unica e irriproducibile.

Al di là dei luoghi comuni

Mi avvedo che ho trascurato troppo episodi celebri dell'isola: nulla ho detto di Tragara e dei Faraglioni, non una parola ho dedicato alle cento architetture disseminate per l'isola, non un sol bagno ho citato dove pure migliaia di turisti giungono ogni anno. Luigi ai Faraglioni, la Canzone del Mare, lo Scoglio delle Sirene a Marina Piccola, i Bagni di Tiberio alla Marina Grande, il Faro e Gradola ad Anacapri sono alcune delle discese a mare più celebri: ma dire di esse è un po' come tradire lo spirito di queste pagine. Che non intendono essere una guida all'isola, ma un invito a scansare i luoghi comuni. Naturalmente ogni mia scelta è dettata da tendenziose motivazioni, ma l'unico modo per provare a guardare l'isola al di là di tutto quanto d'essa si sa e si può leggere è necessariamente molto personale. Credo che entrando in San Pietro sia inevitabile sentirsi attratti dal baldacchino del Bernini, ma chi si ferma lì davanti non fa nessuno sforzo per capire questo tempio della cristianità; ciò vale per ogni architettura e per ogni luogo che visitiamo. Conviene affrontare con un pizzico di anticonformismo l'esercizio alla conoscenza che ci conduce a visitare palazzi o musei, a vedere paesaggi o isole. Questo sentimento non mi ha abbandonato nel redigere queste pagine, certamente un po' bizzarre, così fuori le righe dell'erudizione e della competenza per così dire tecnica. La letteratura su Capri è così vasta che chiunque potrà approfondire le sue letture in campo archeologico o naturalistico, in ambito storico e artistico: l'importante non è appiattirsi sulle falserighe delle discipline.
Capri è un miracolo di storia e natura, comprendere questa tensione è indispensabile per accostarsi accarezzandola contro senso, provando a rimuovere i luoghi comuni con tutta la fantasia di cui si è capaci.

Cesare de Seta

A. SMALL. COLLECTION. OF. DIFFERENT. MARBLES. DVG. VP. FROM. THE. RVINS. OF. THE. LITTLE

COVNTRY. SEATS. OF. TIBERIVS. IN. THE. ISLAND. OF. CAPREA. IN. THE. YEAR. MDCCLXXXVI

34

35

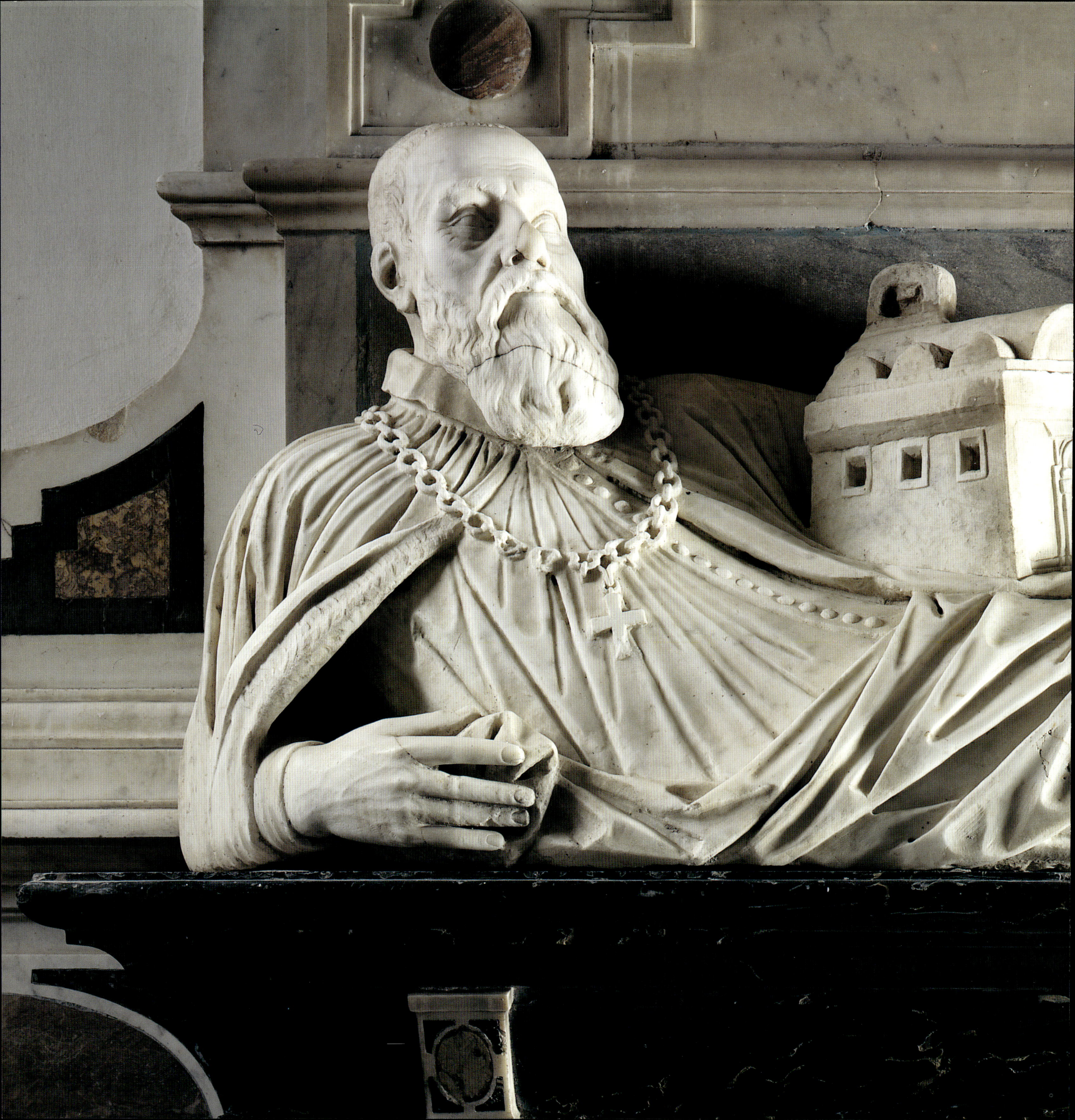

FACU

38

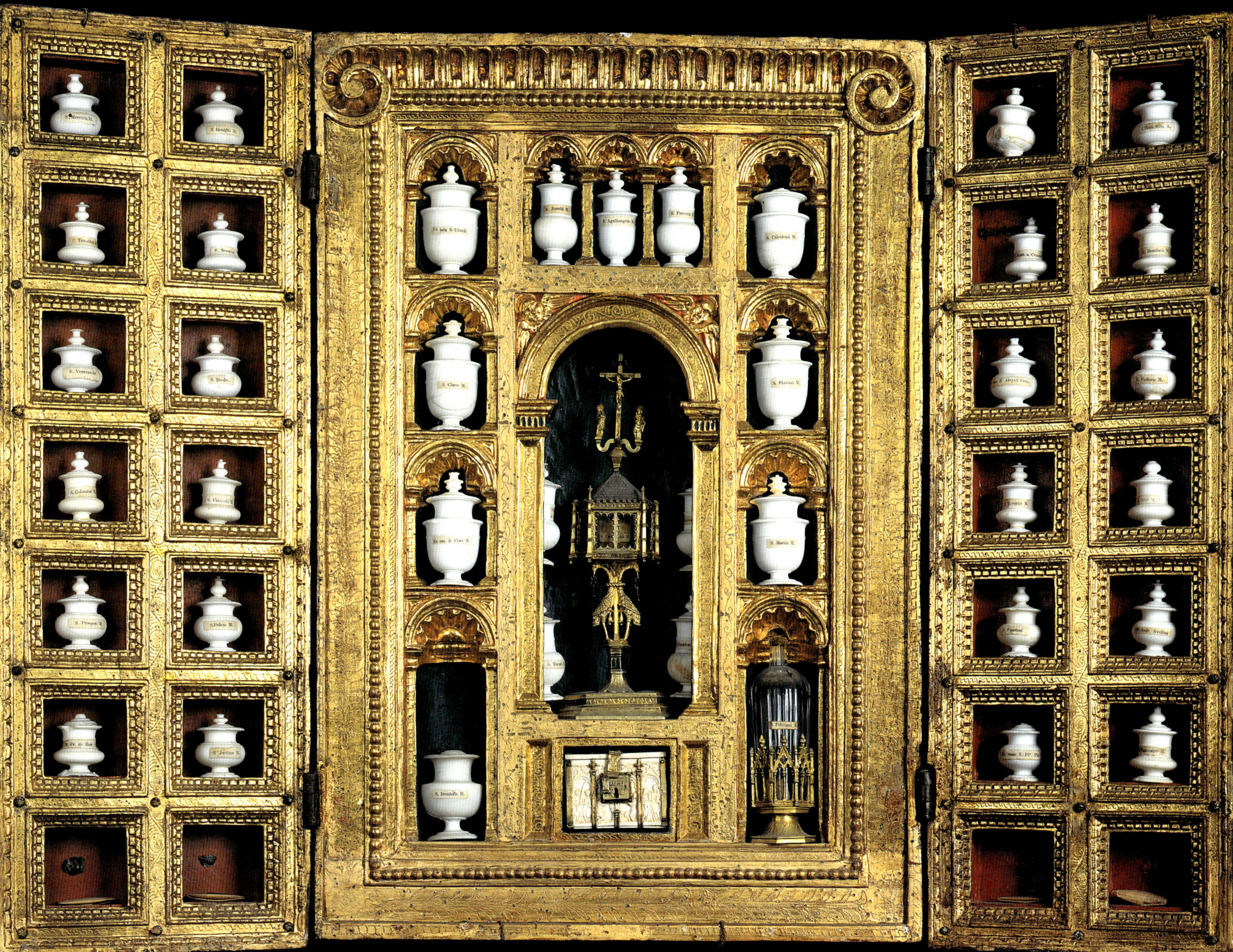

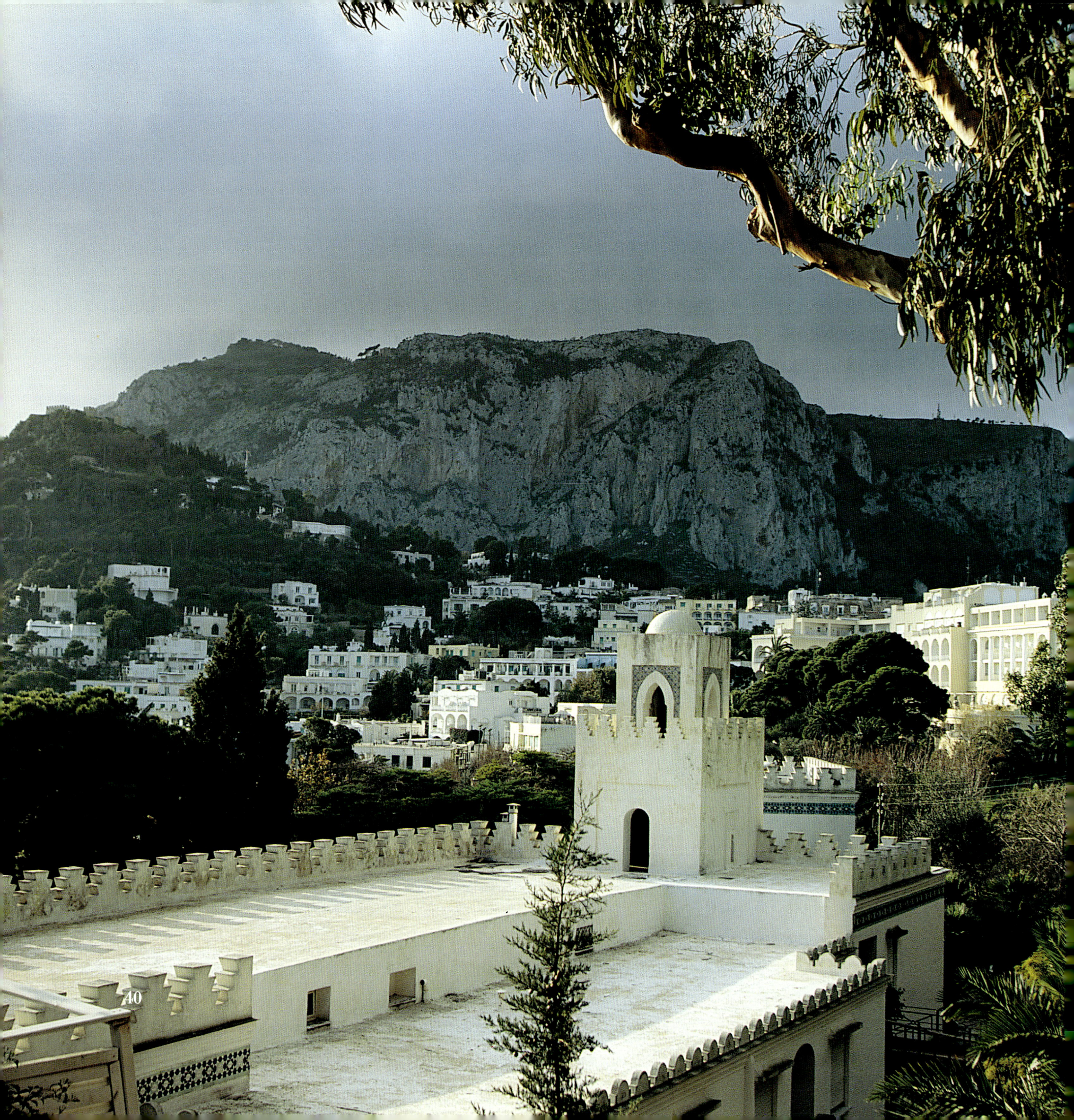

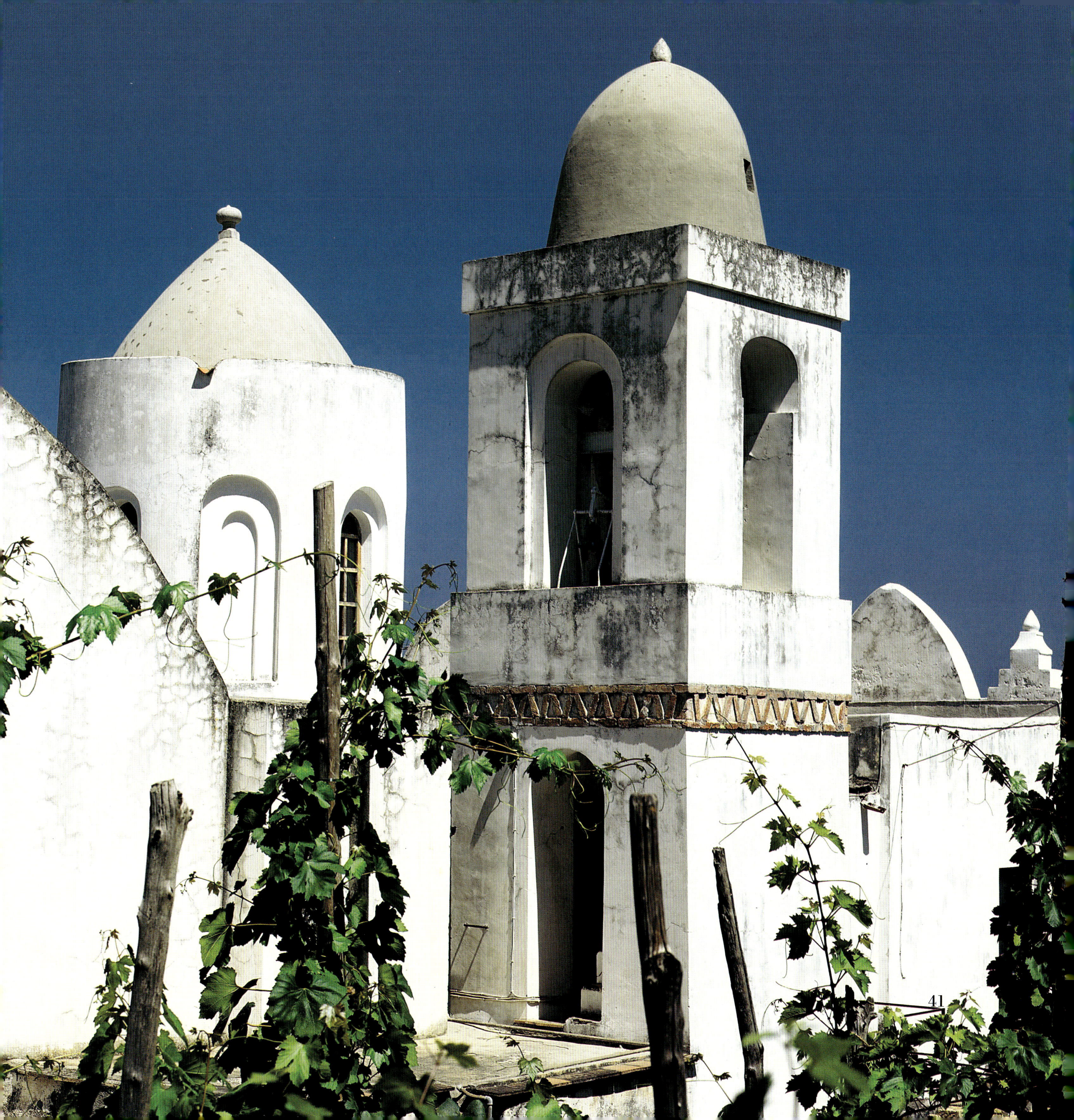

42

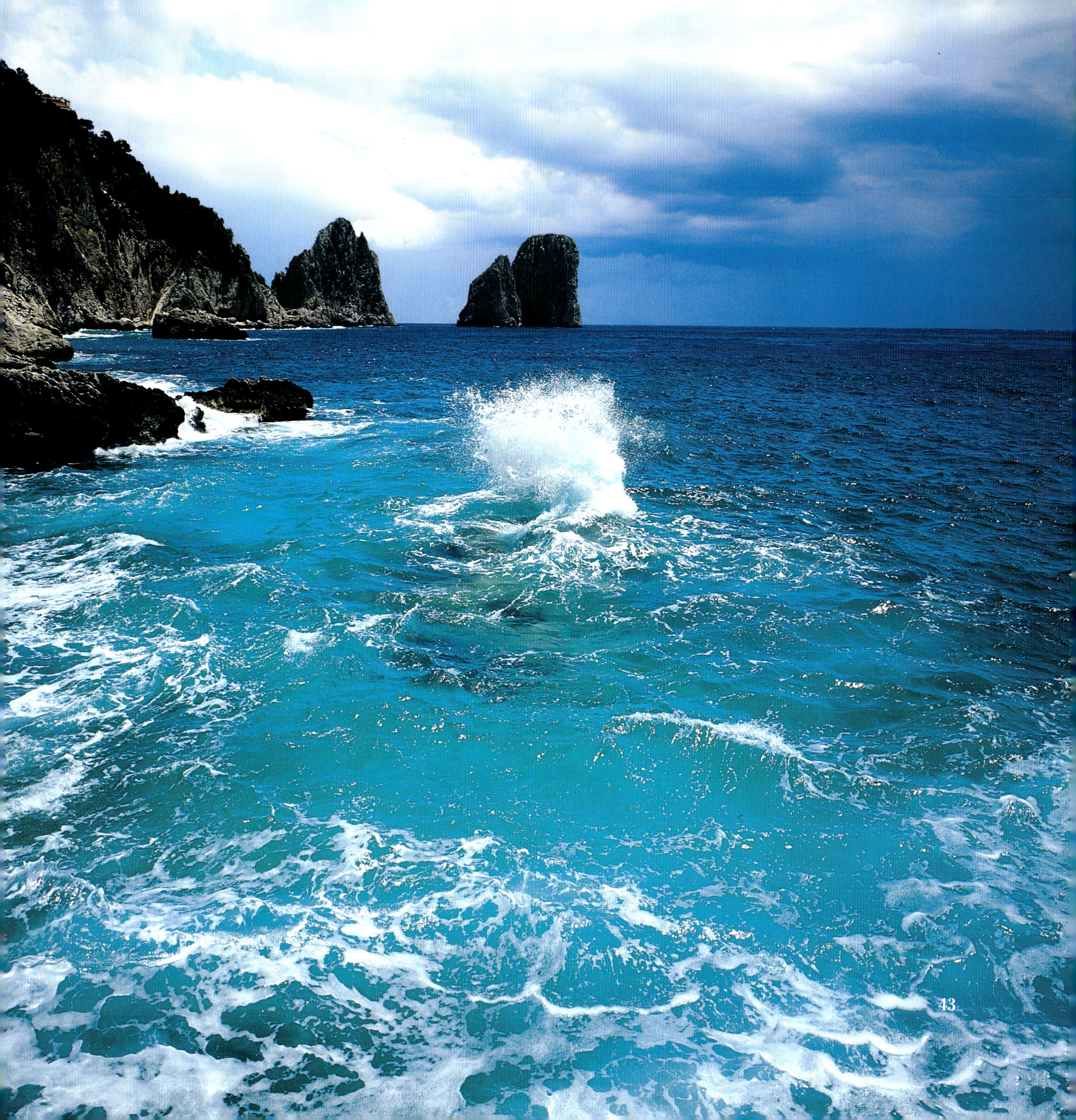

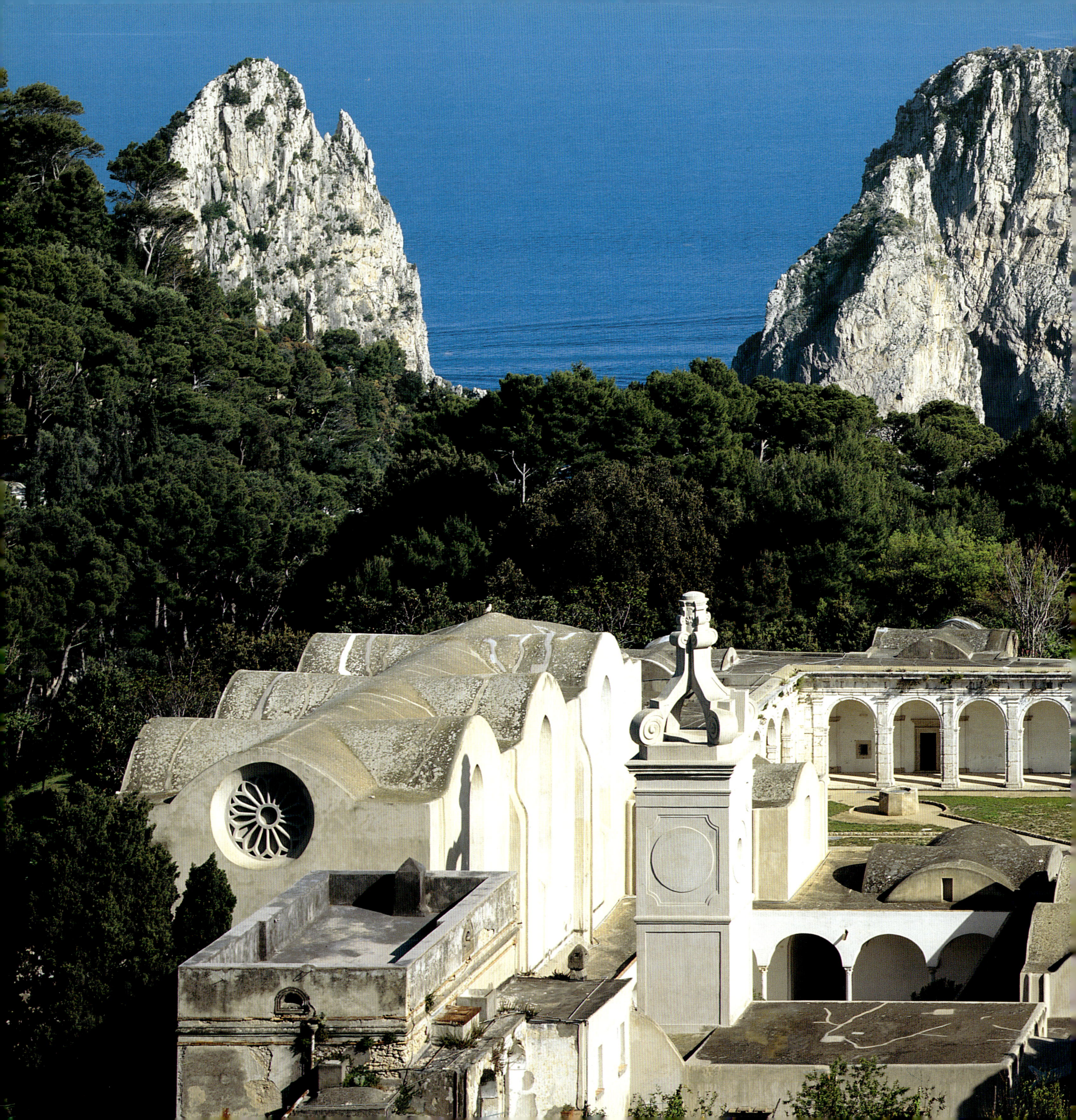

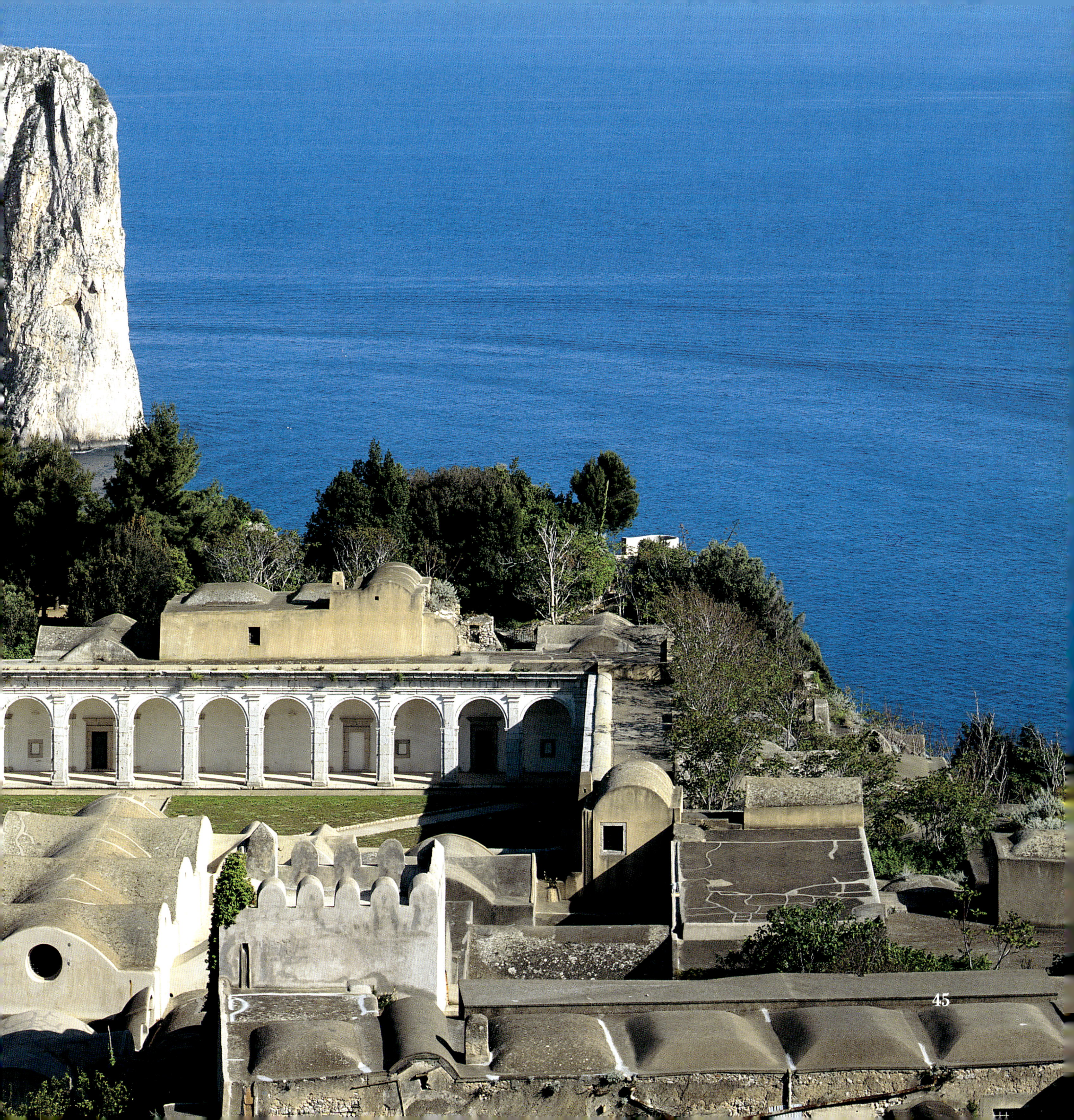

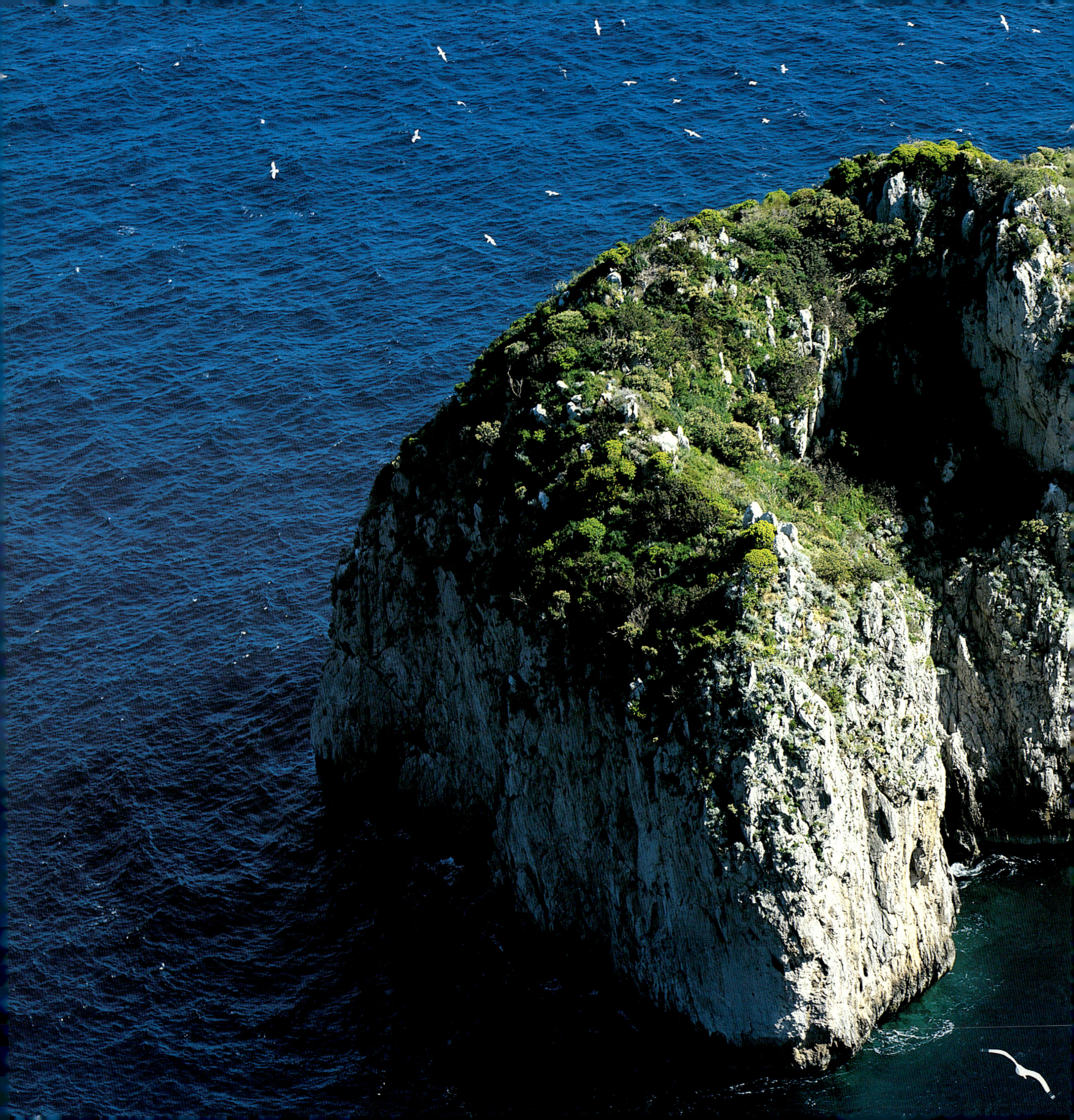

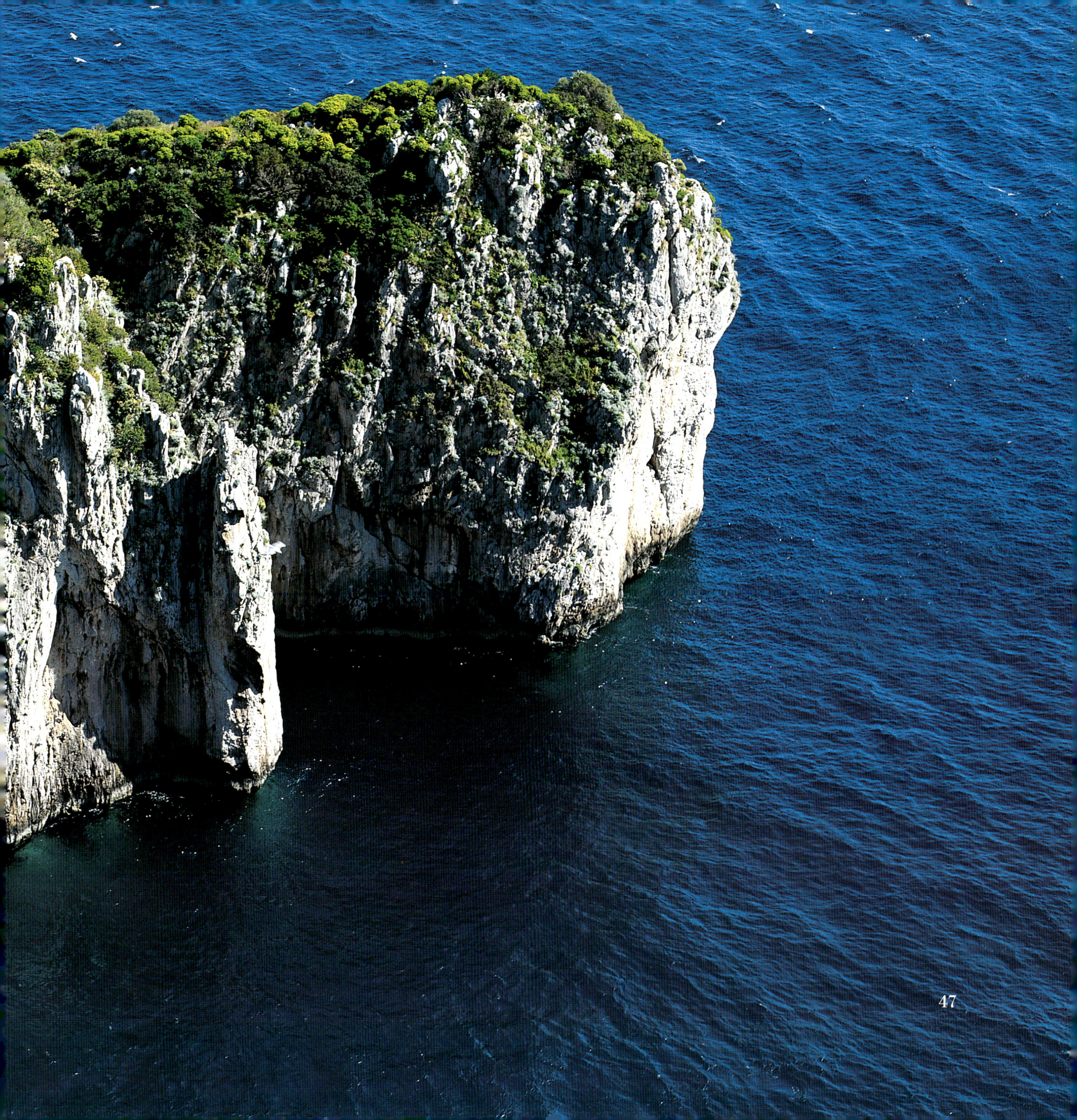

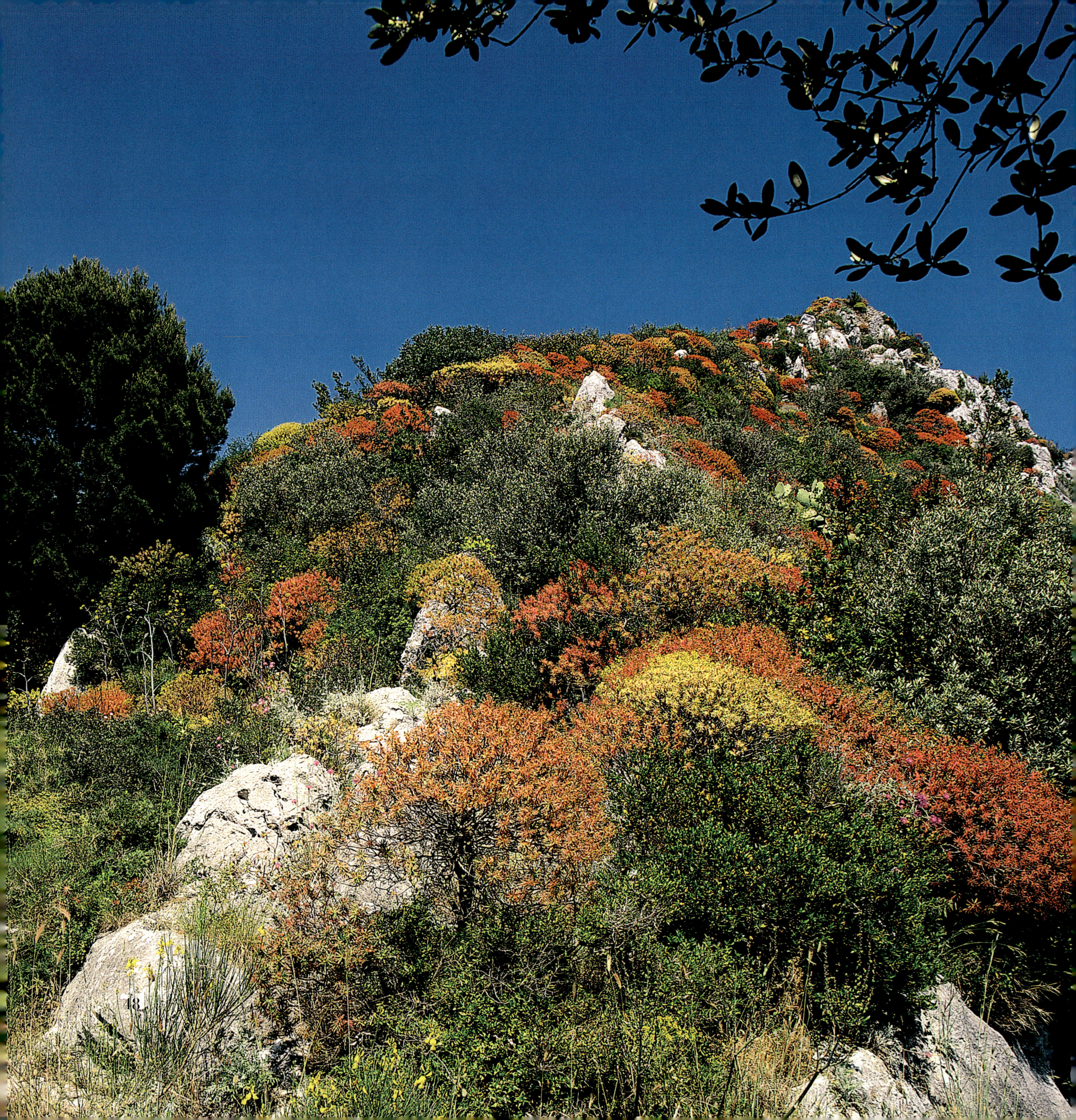

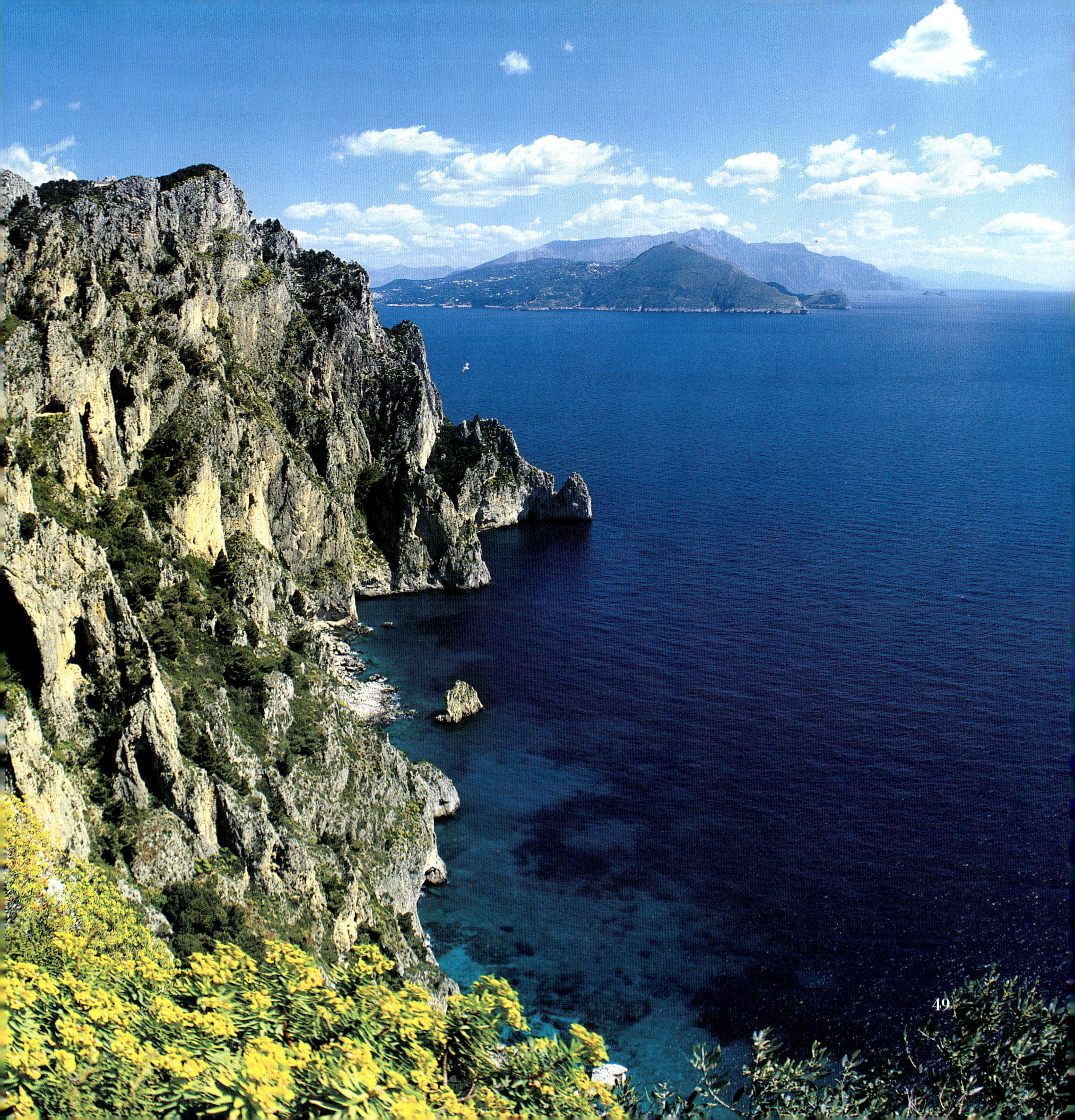

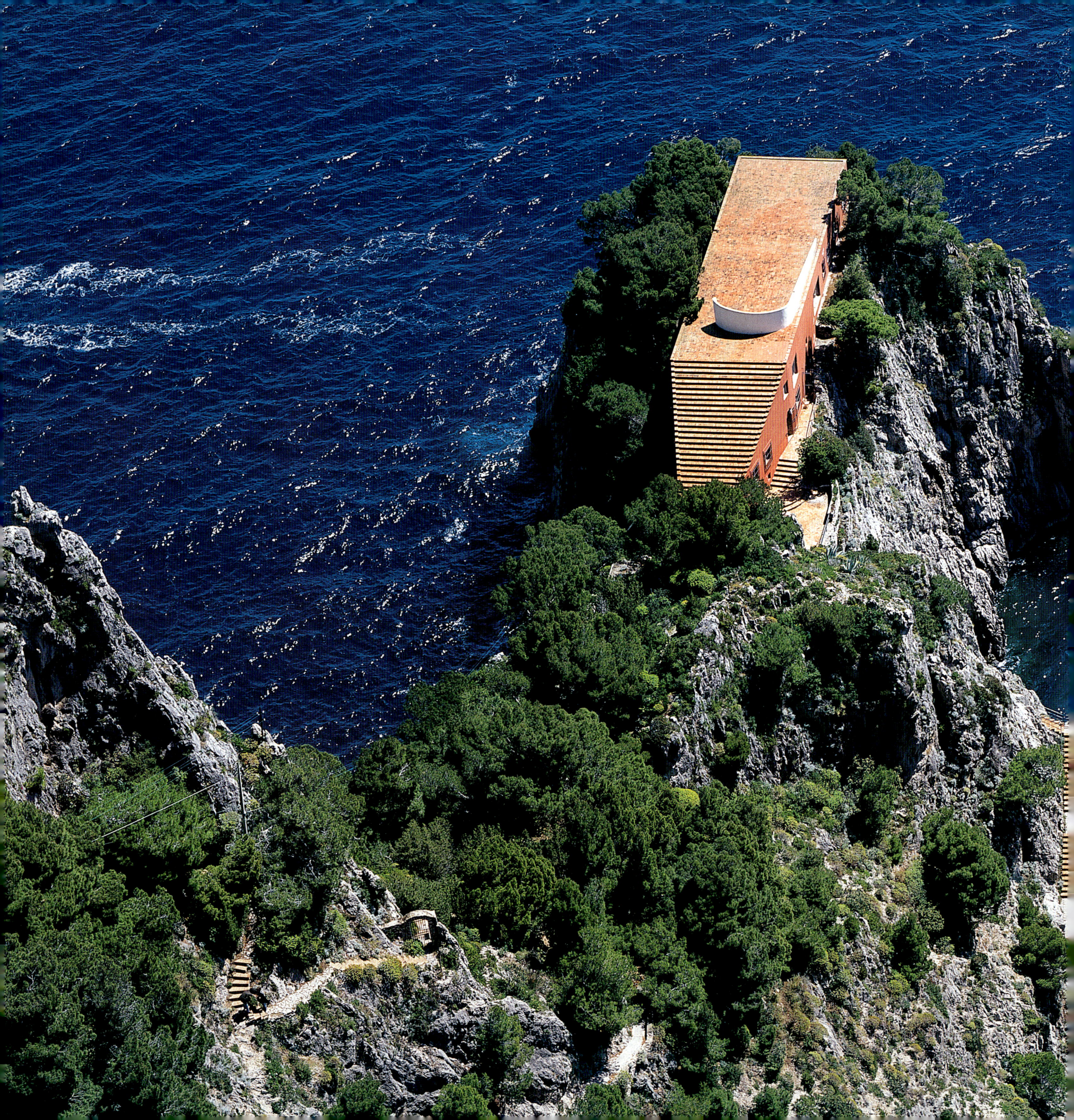

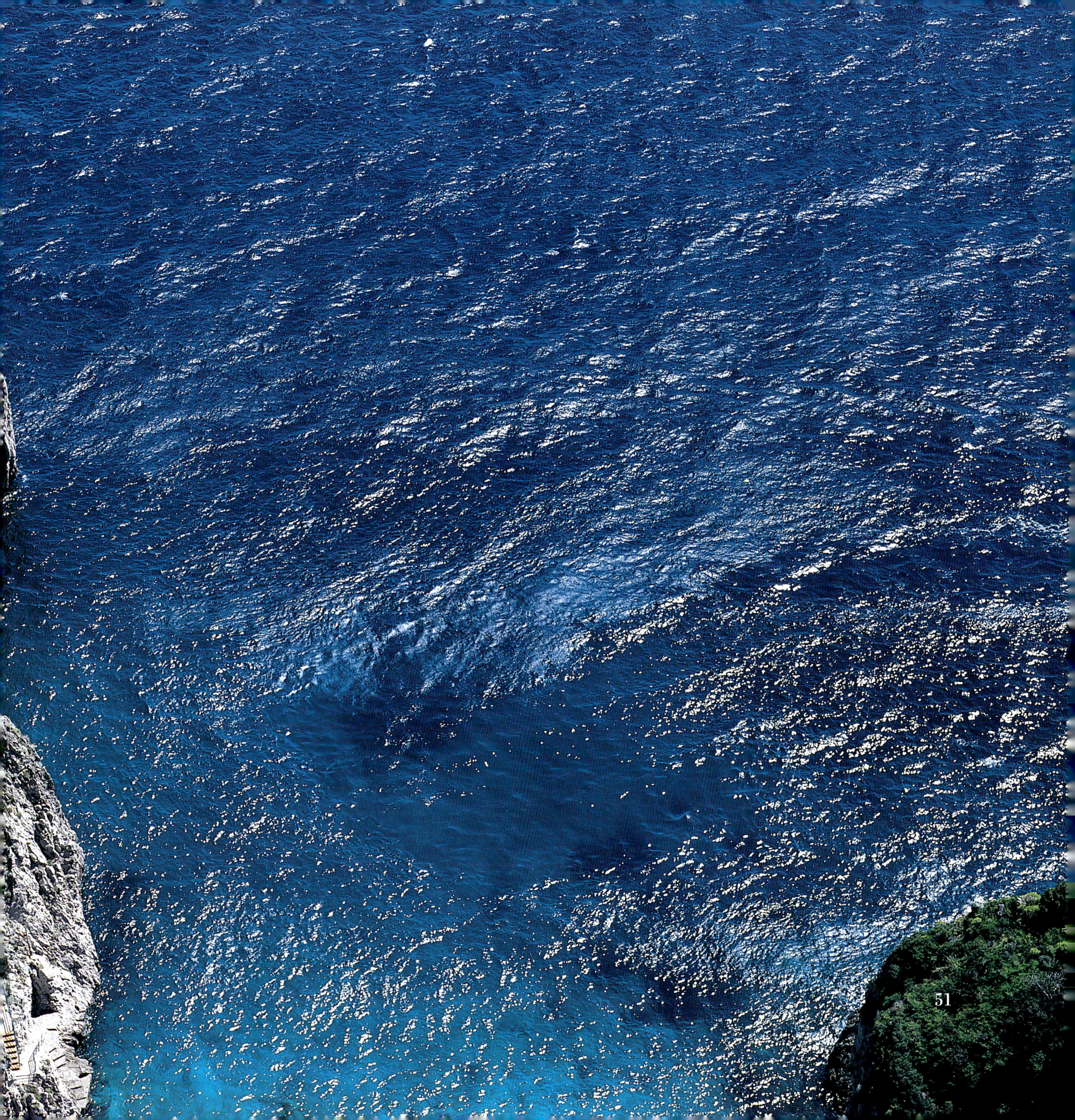

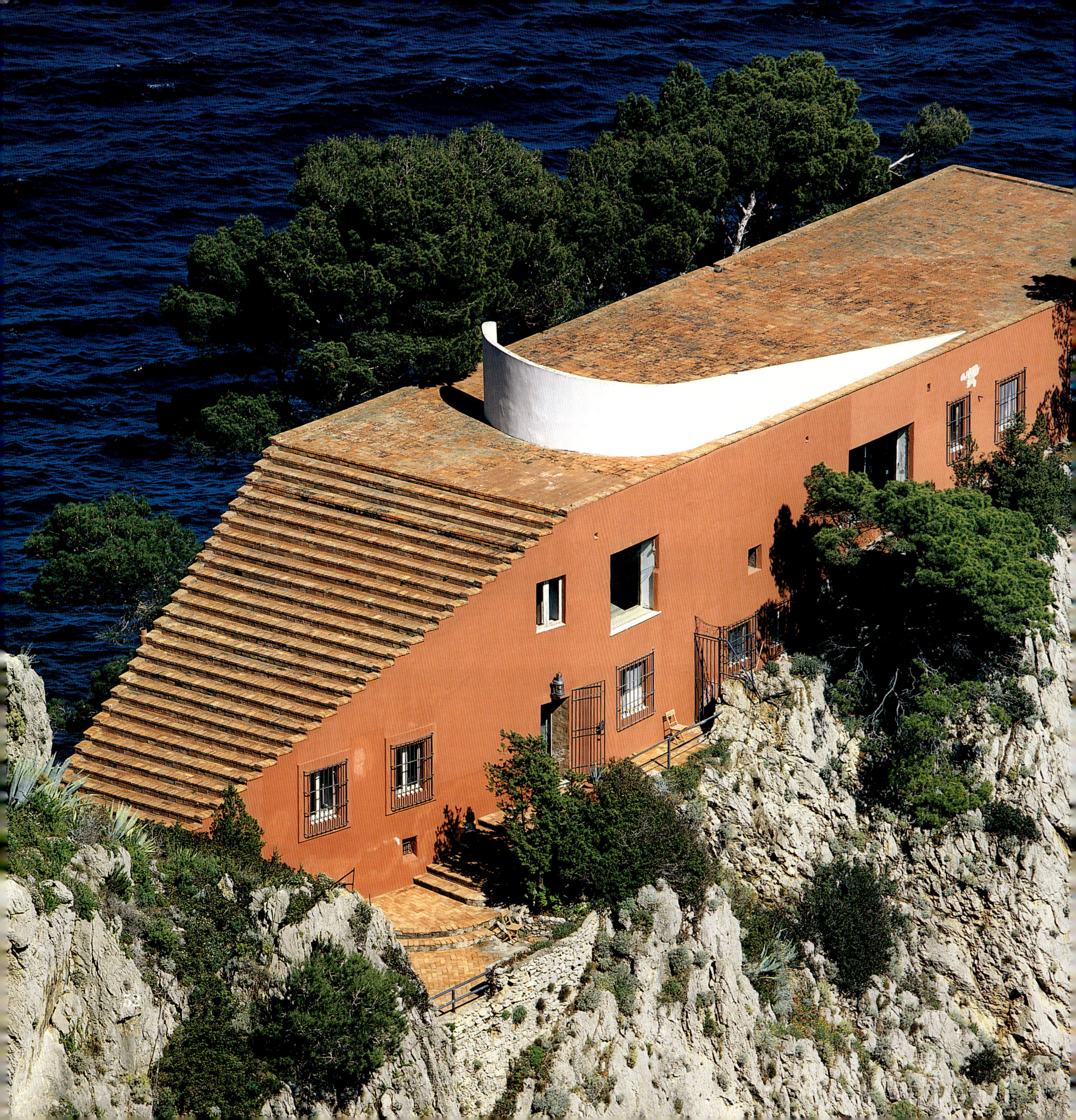

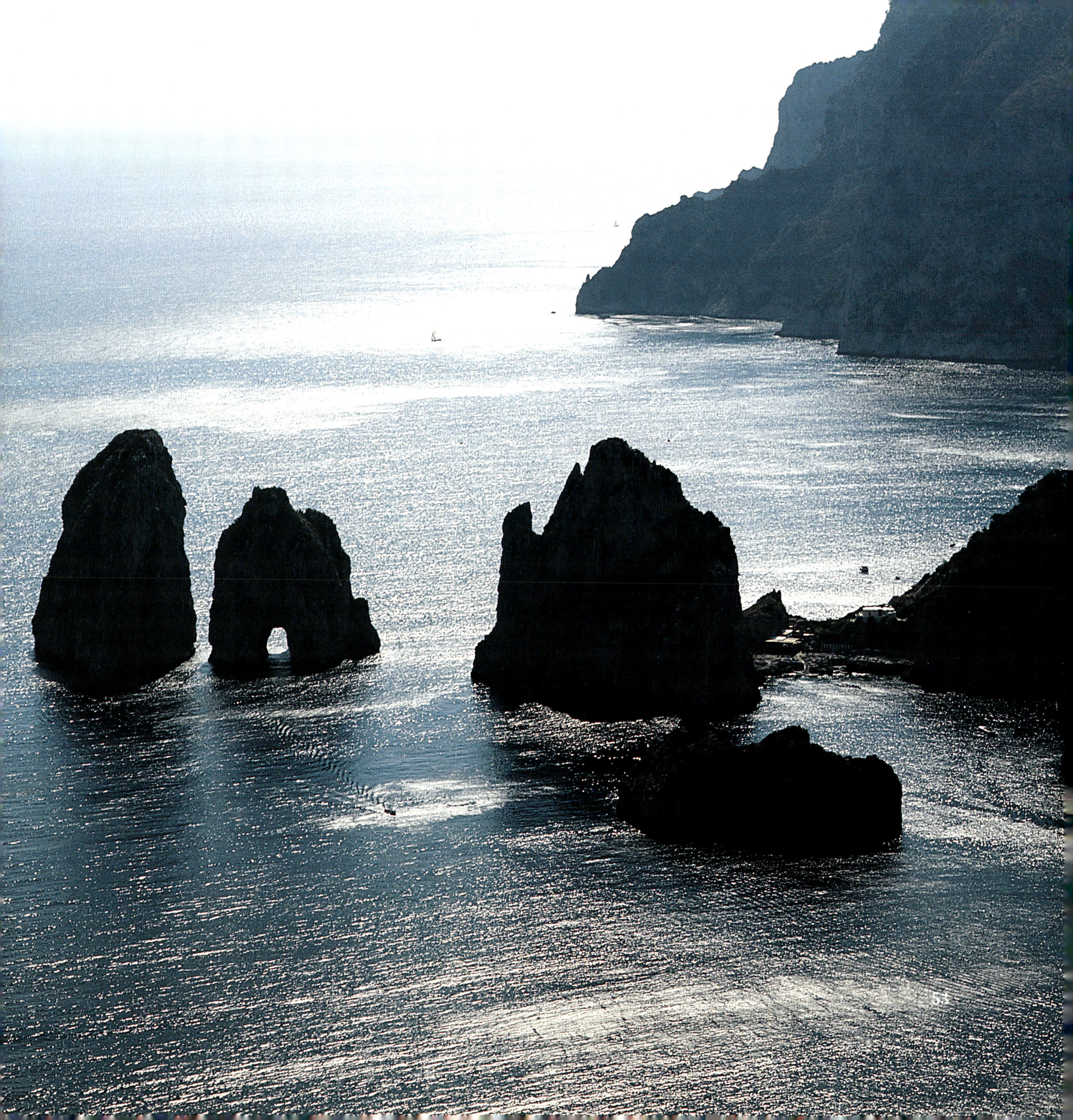

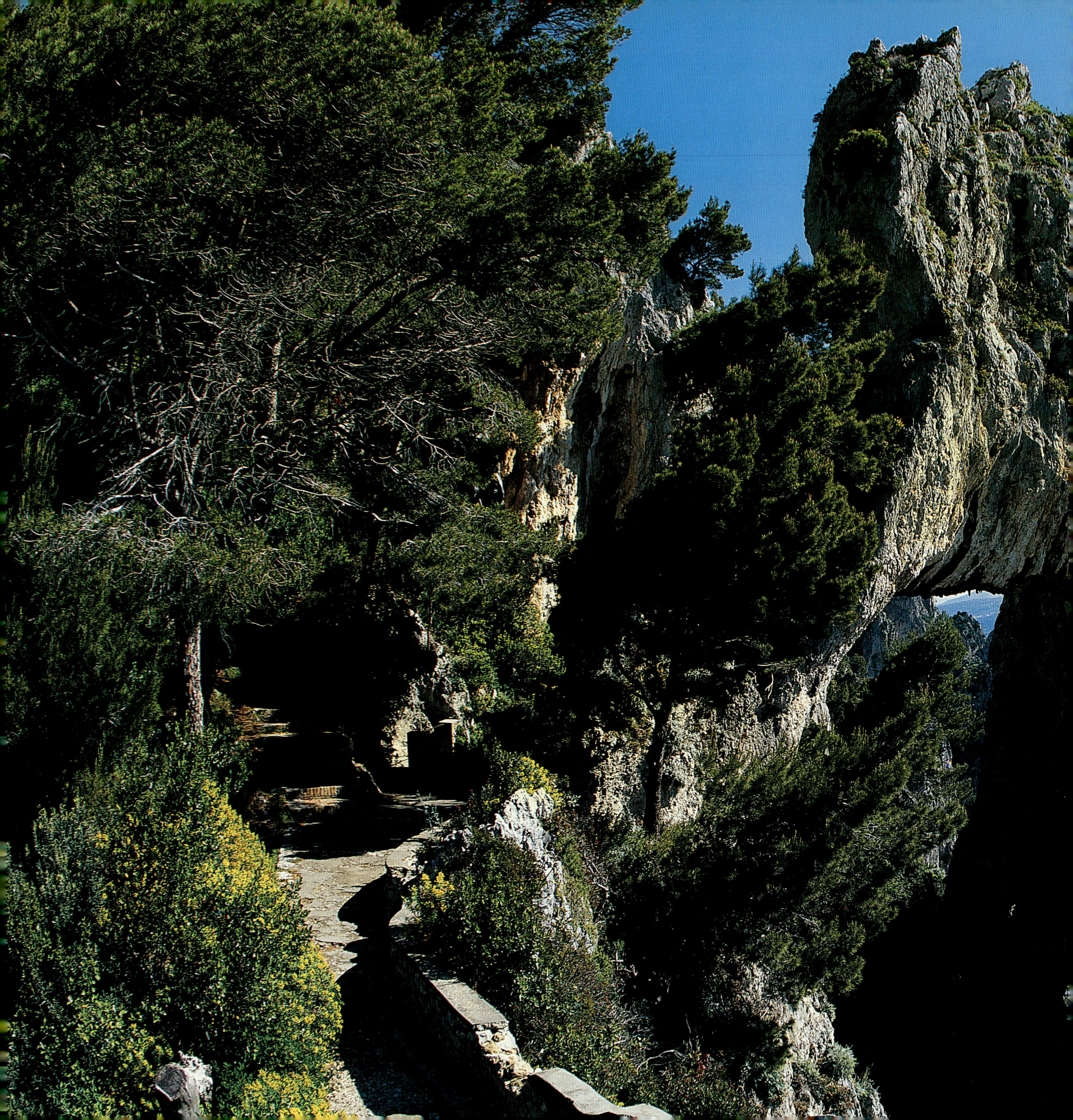

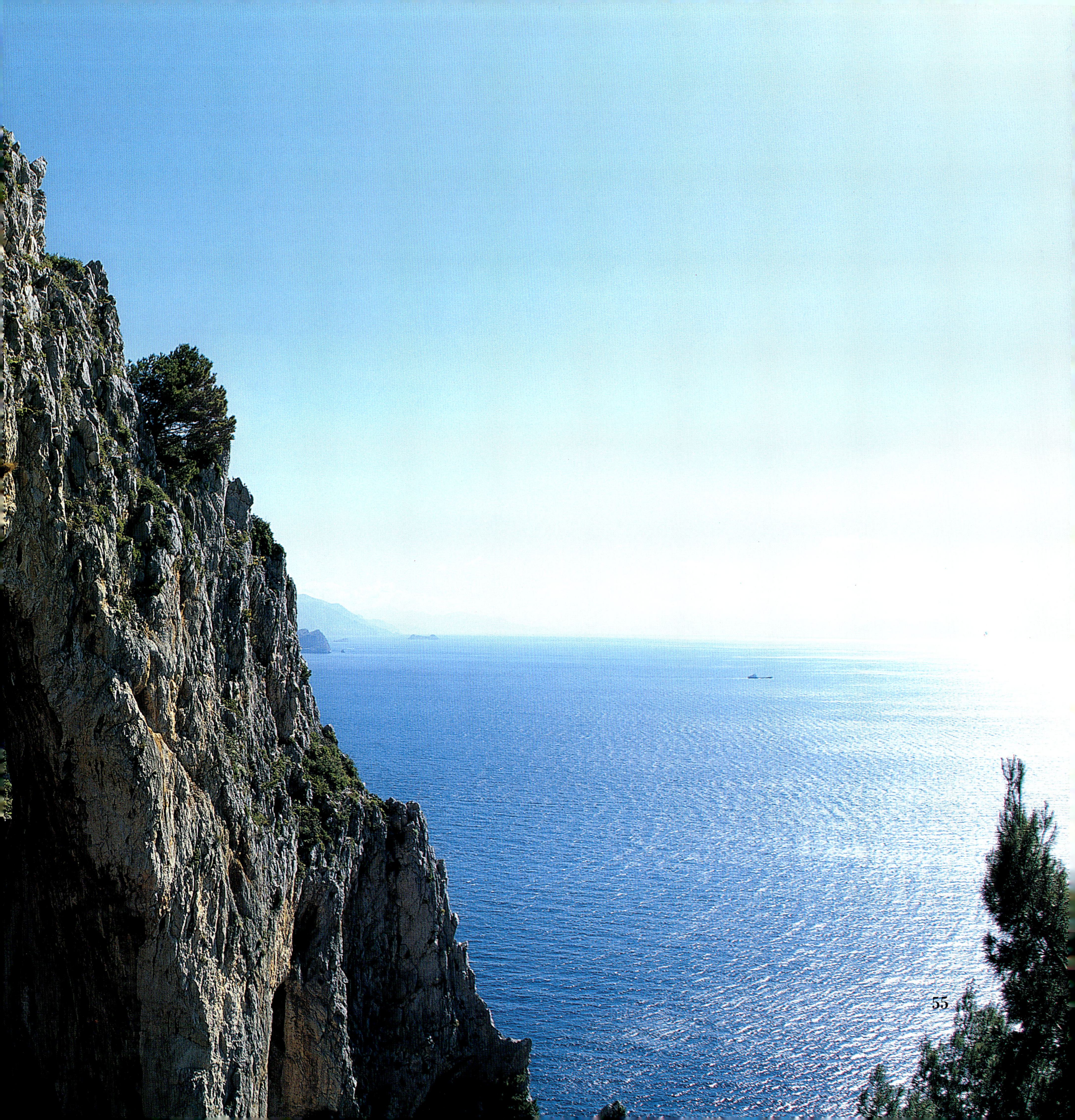

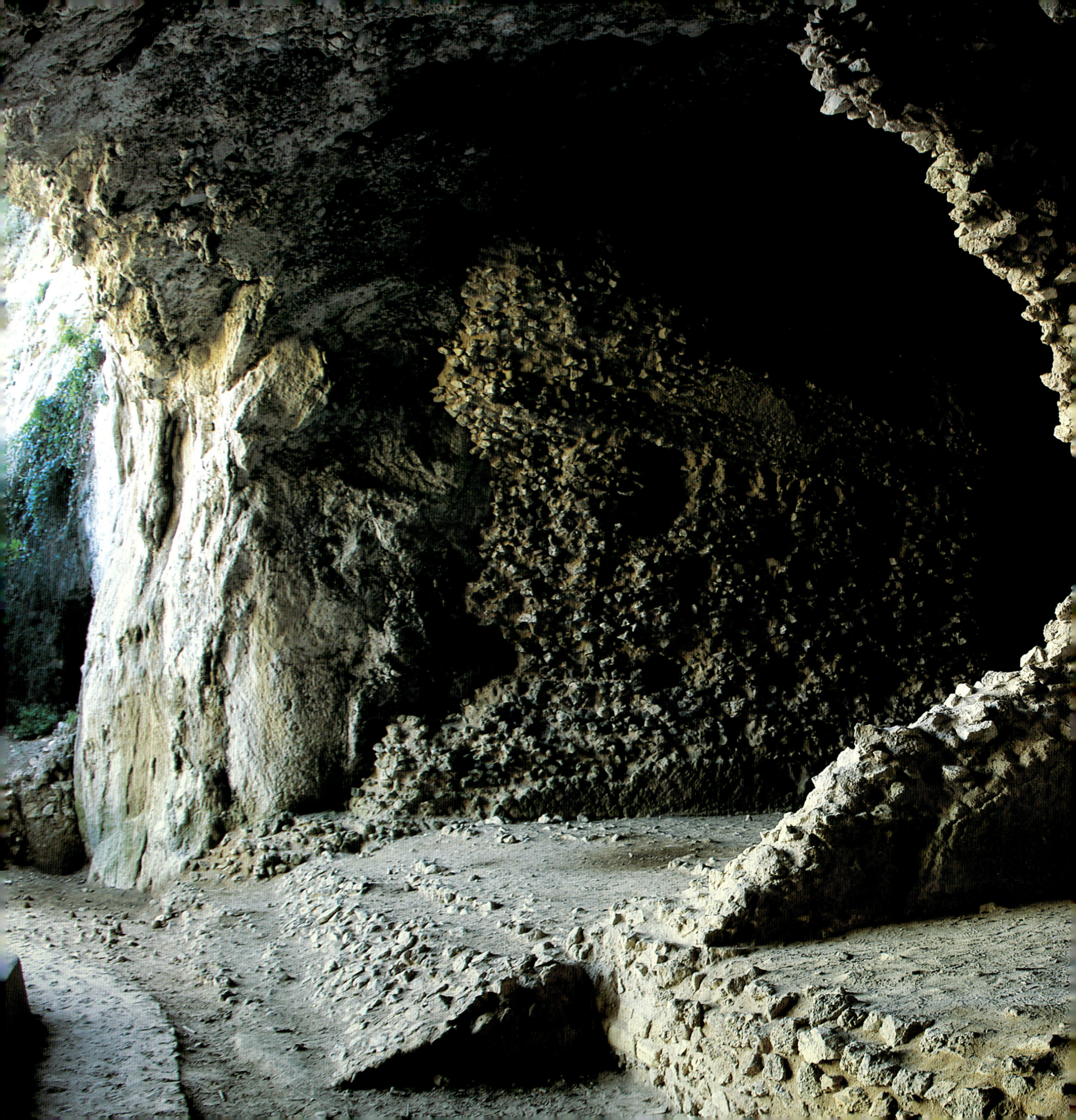

57

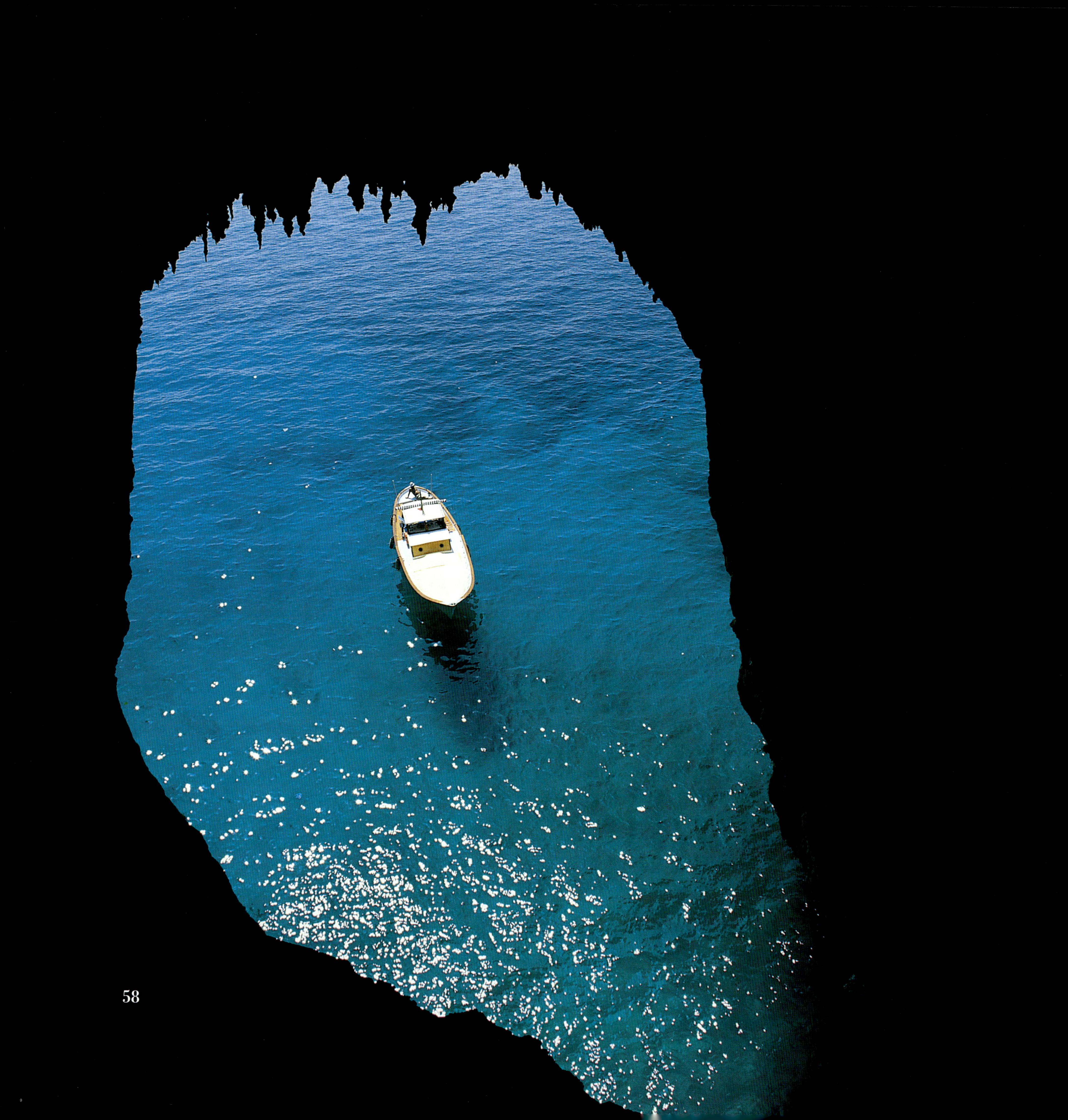

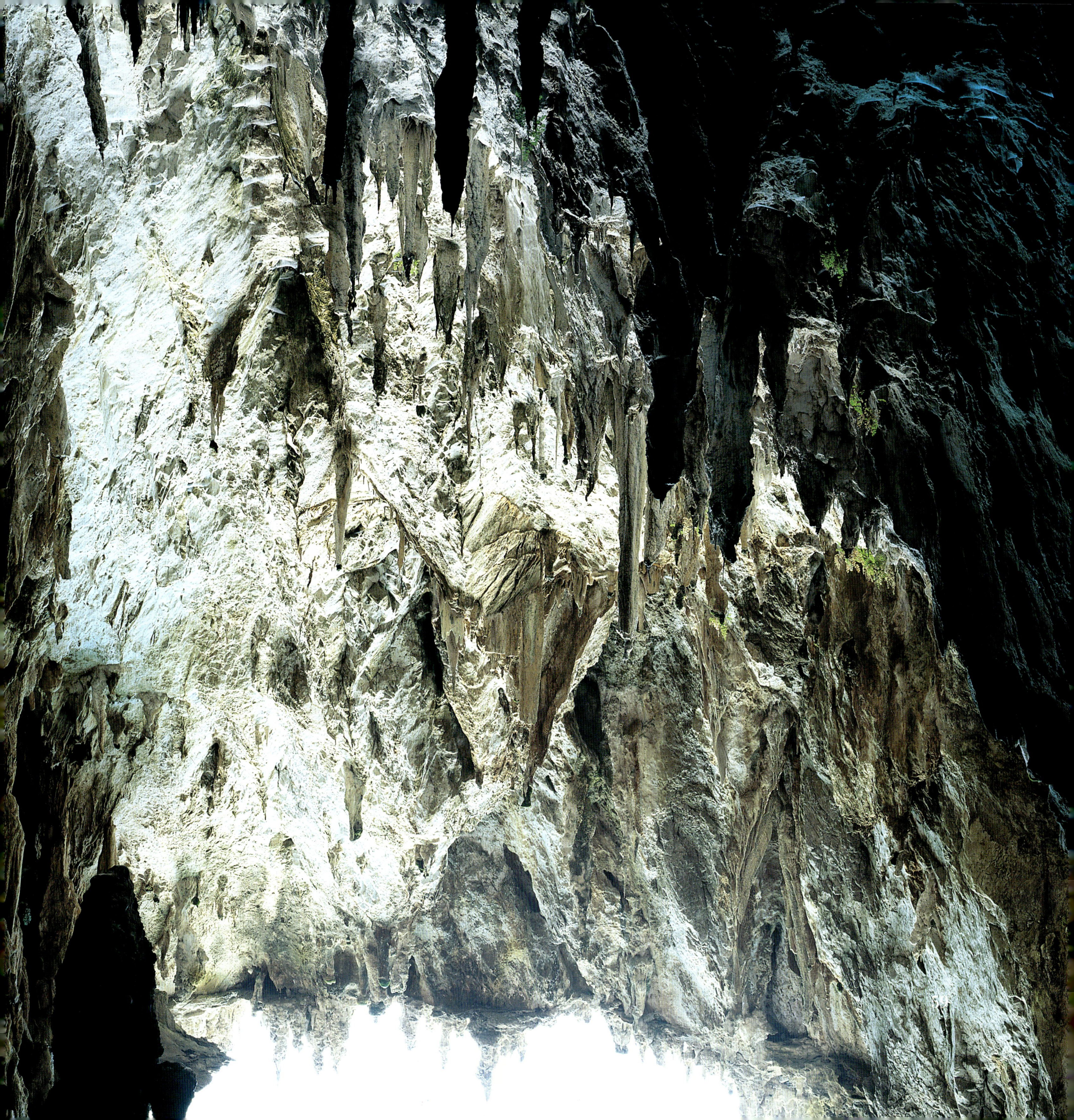

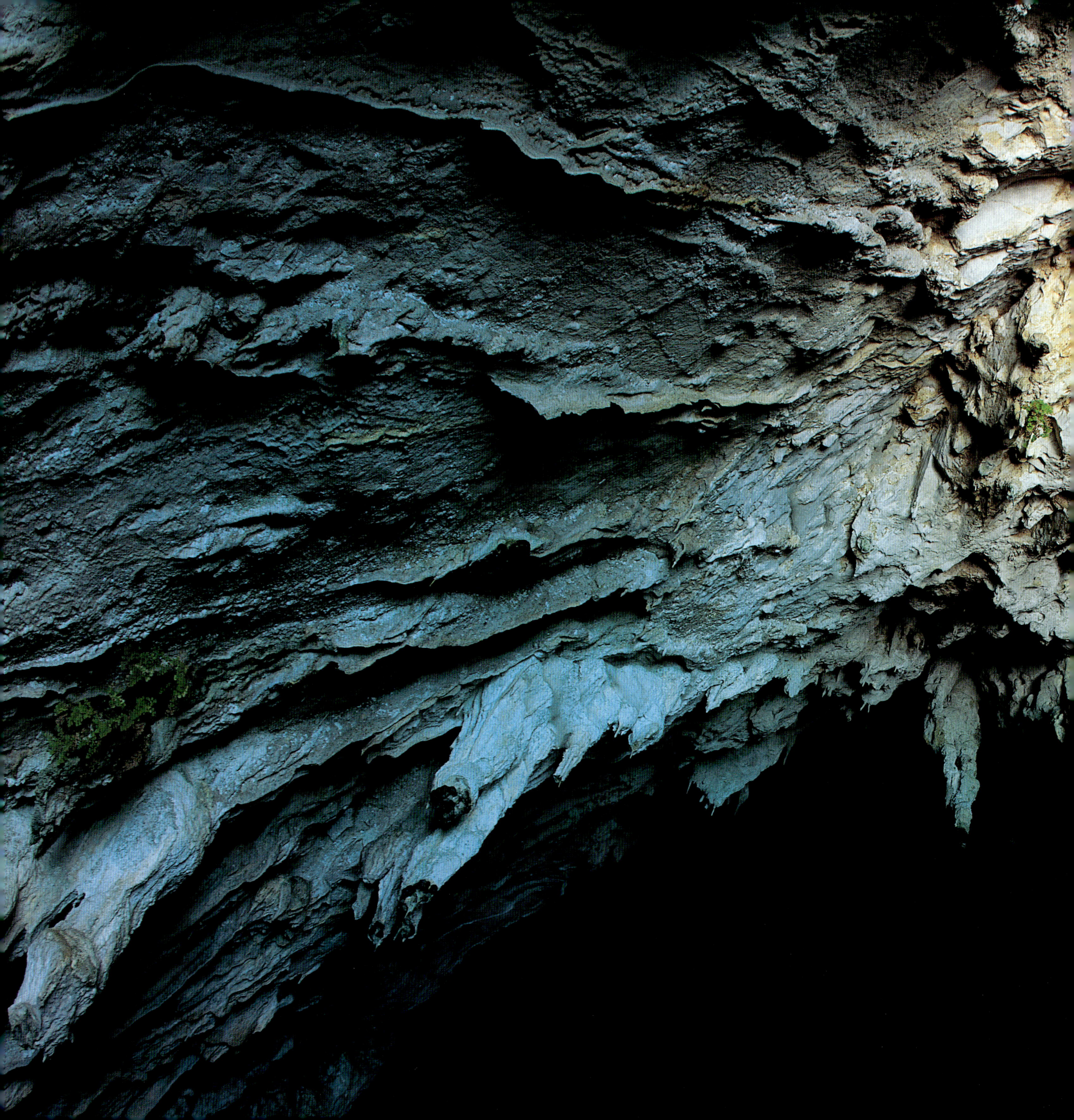

61

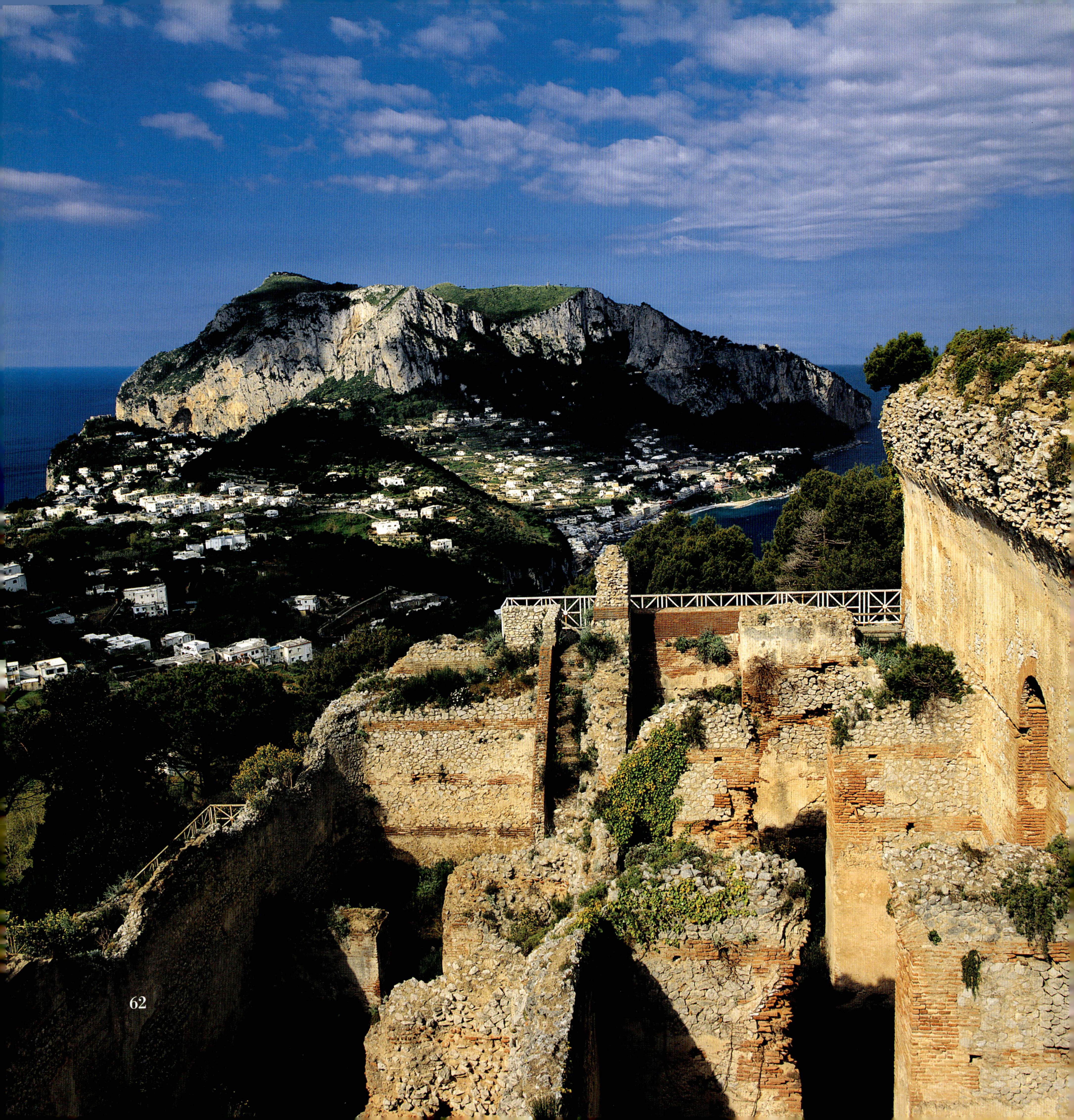

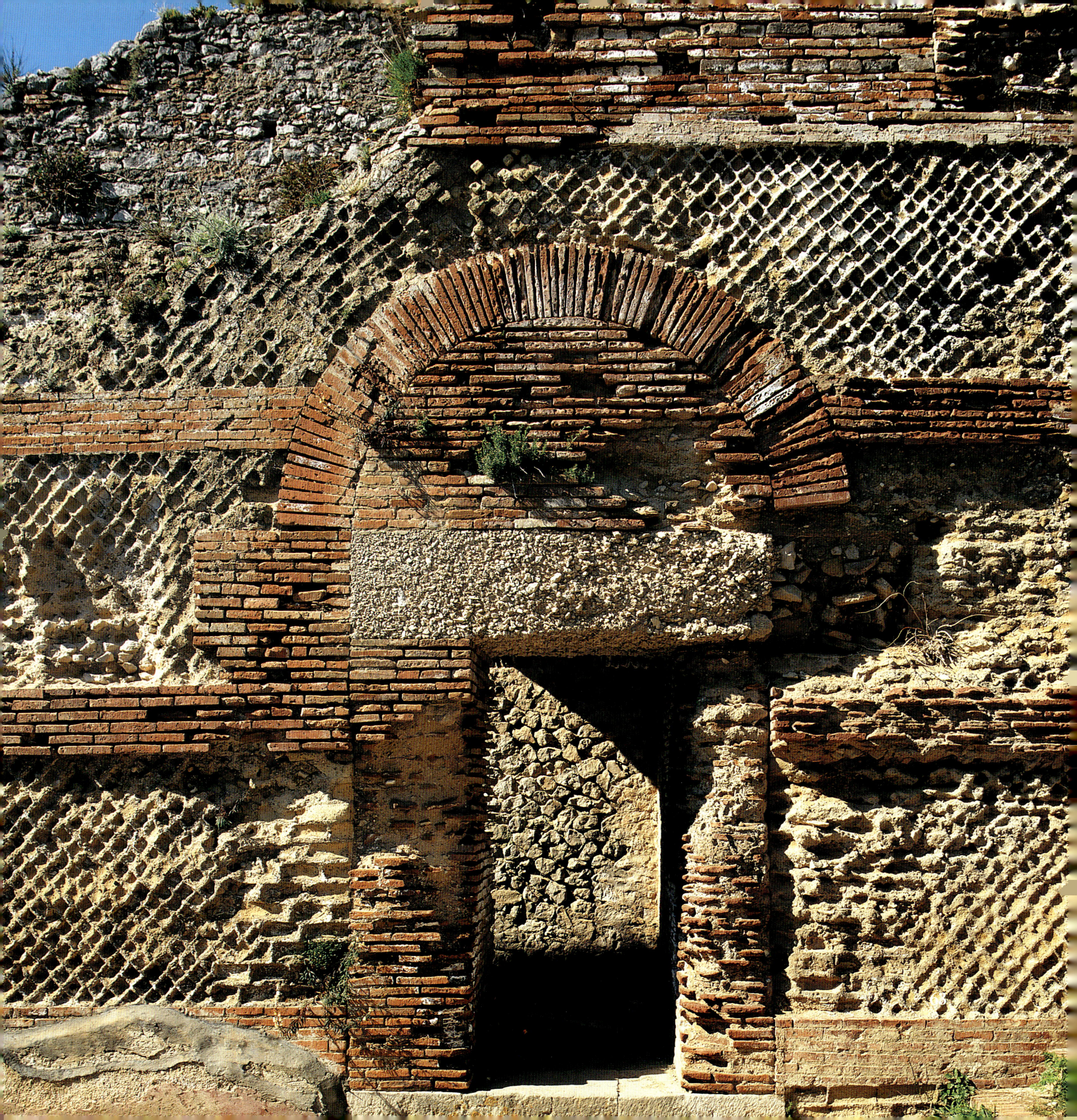

64

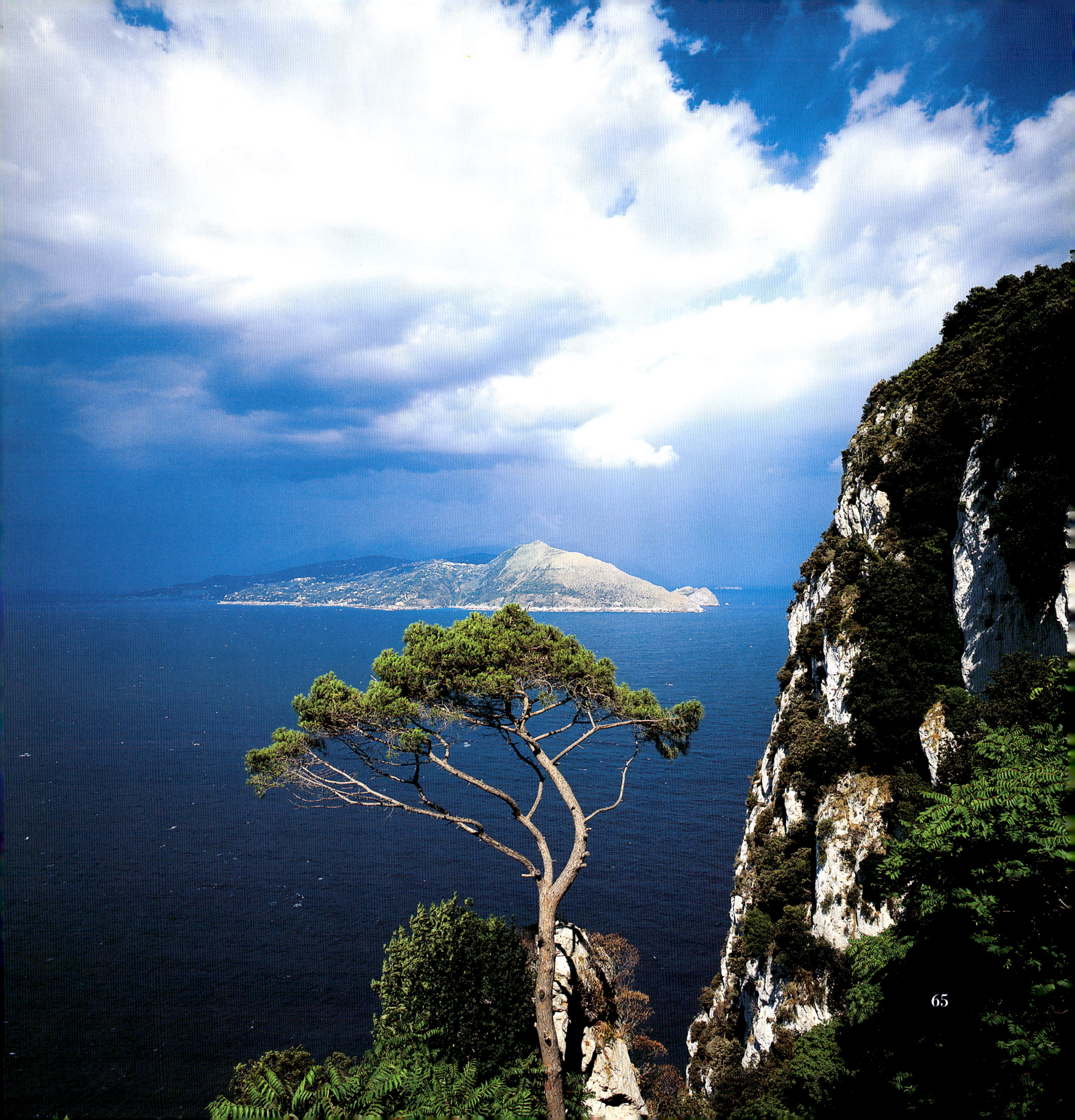

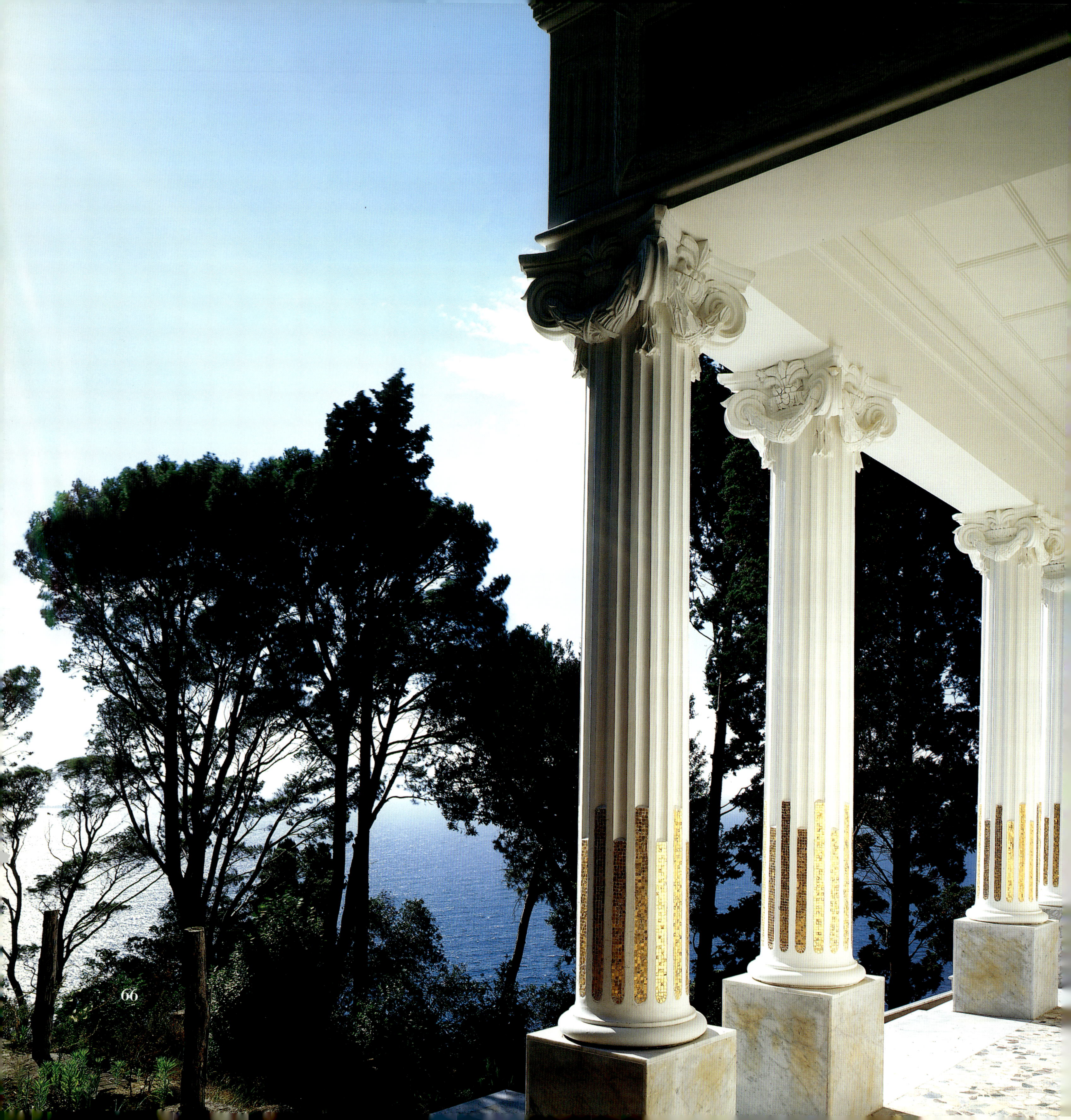

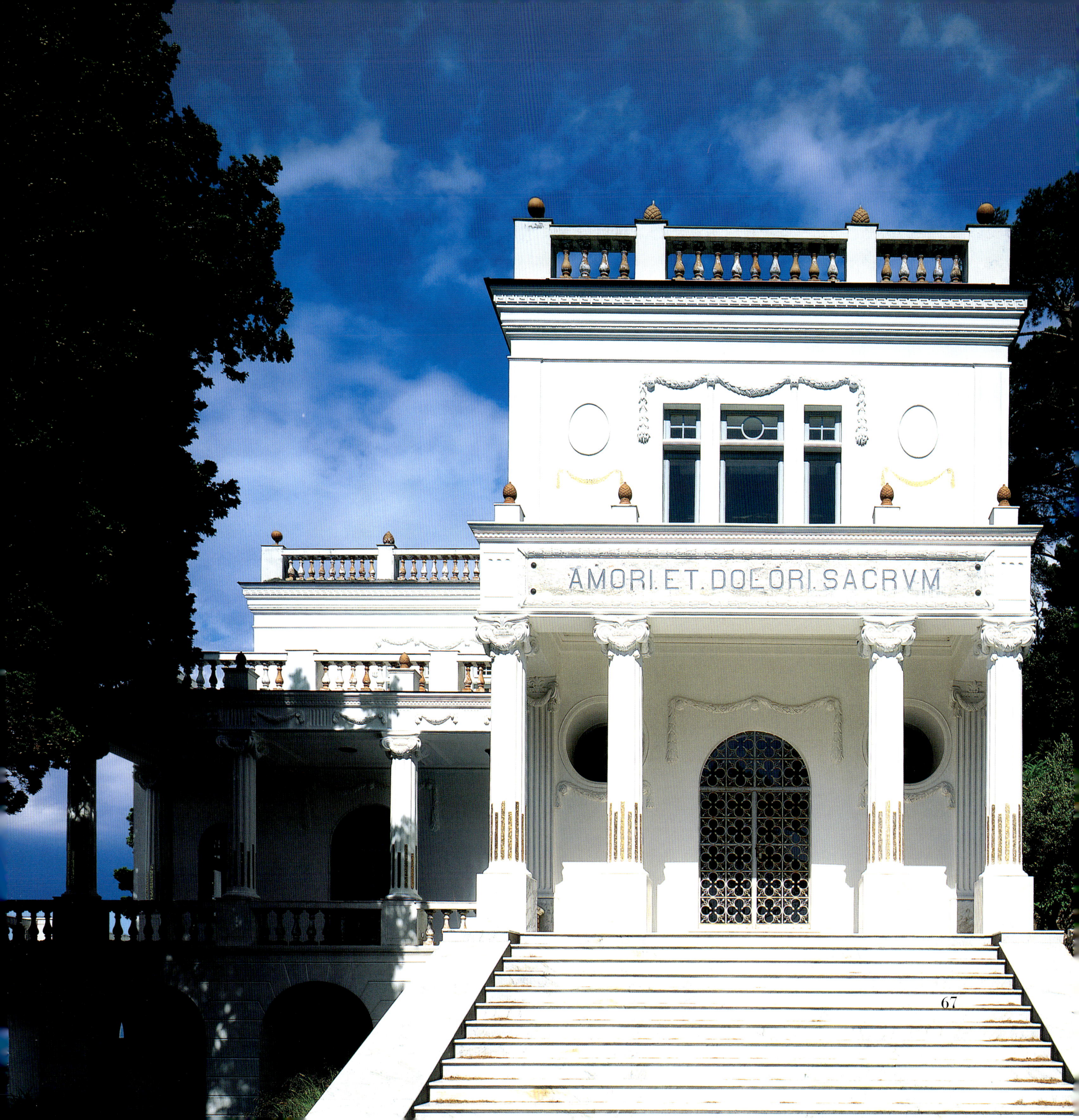
AMORI. ET. DOLORI. SACRVM

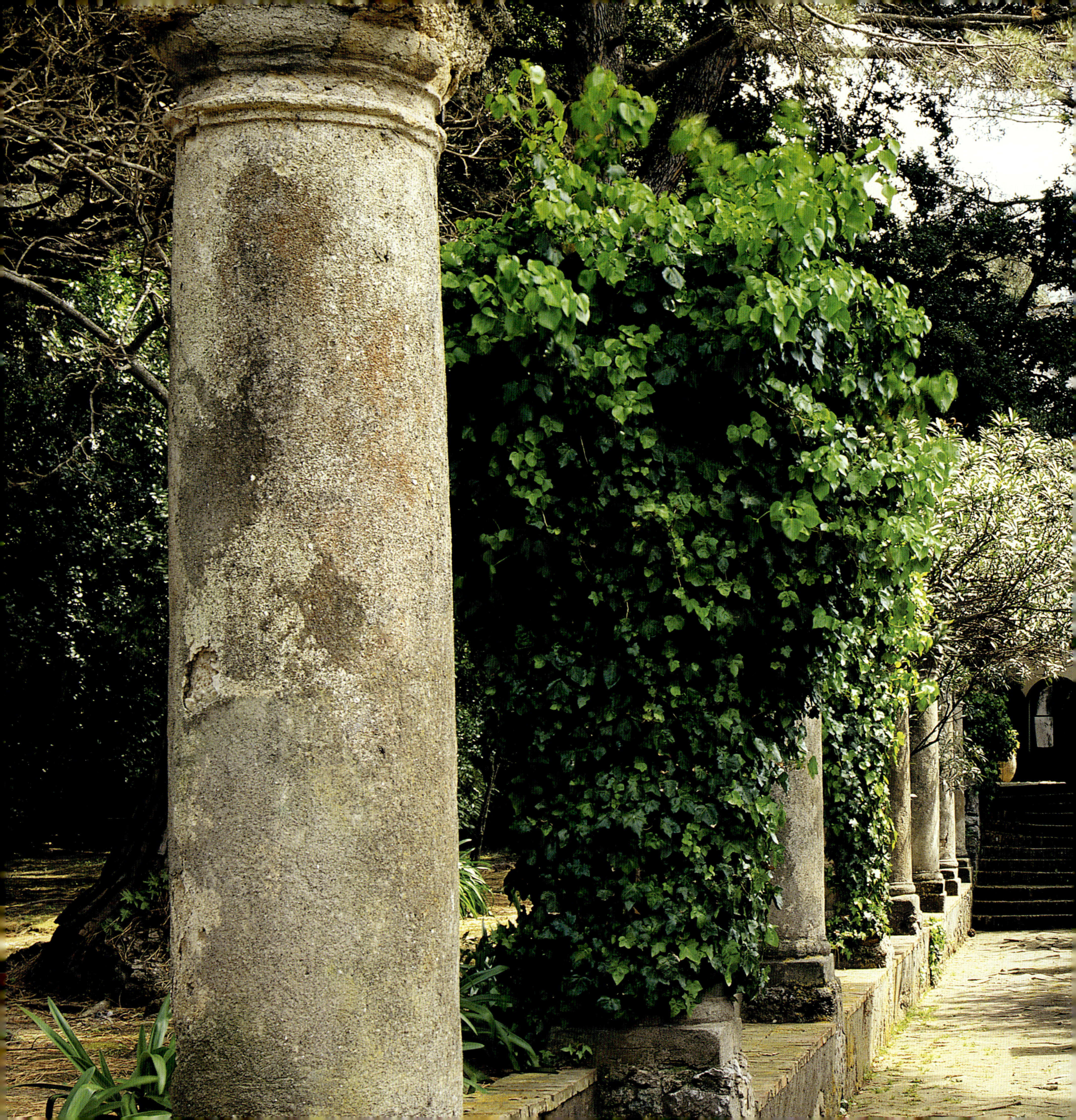

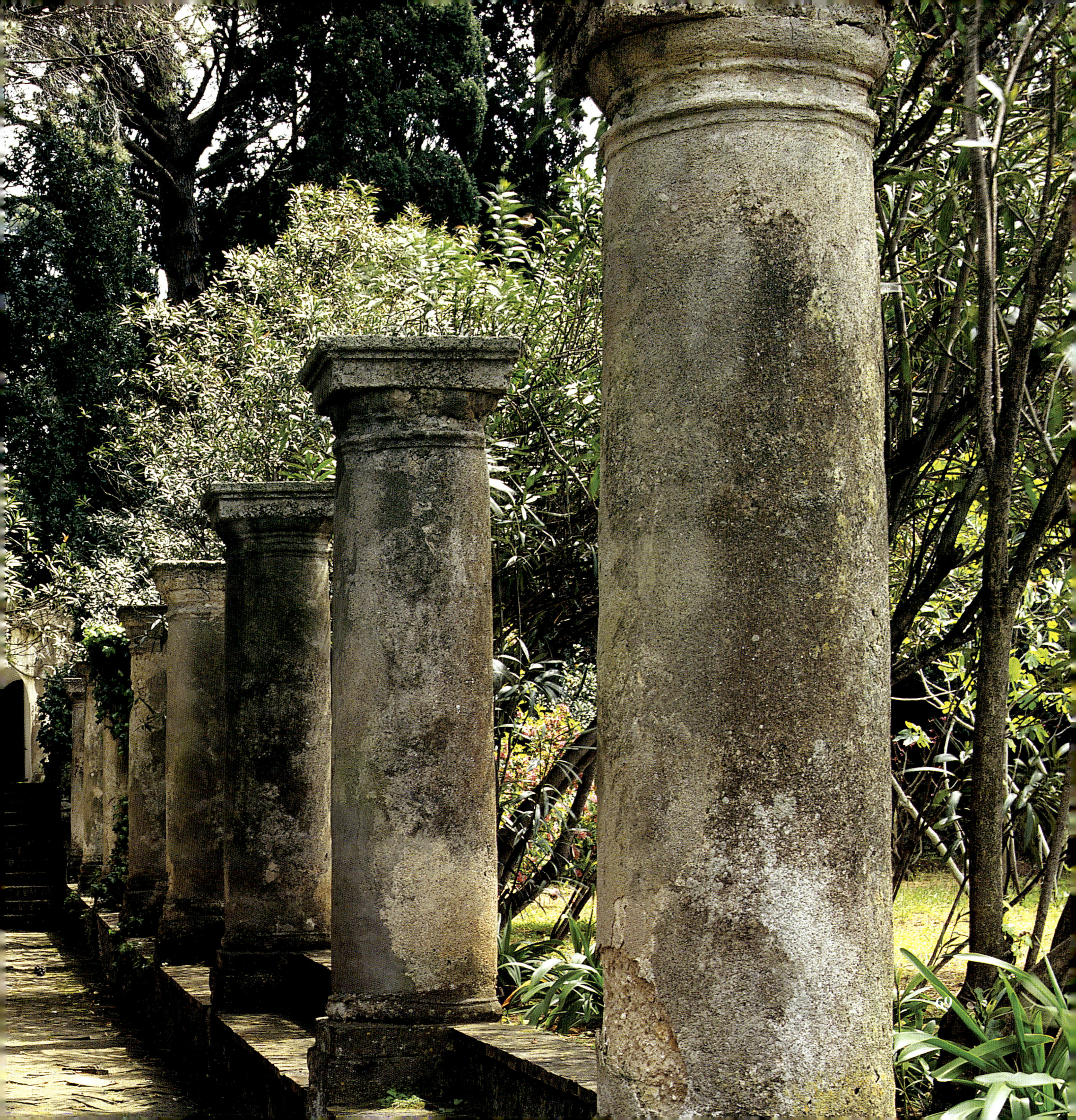

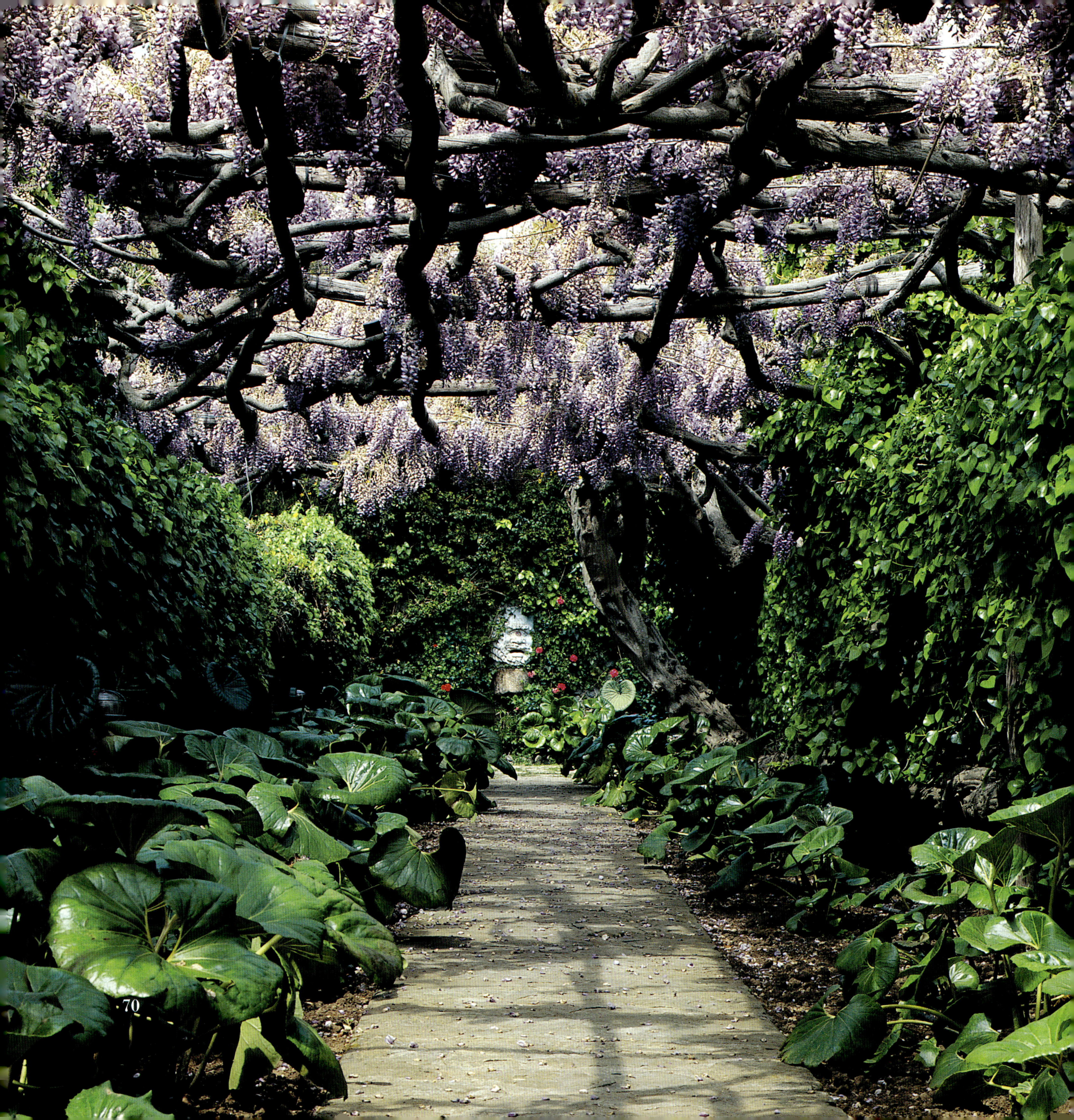

71

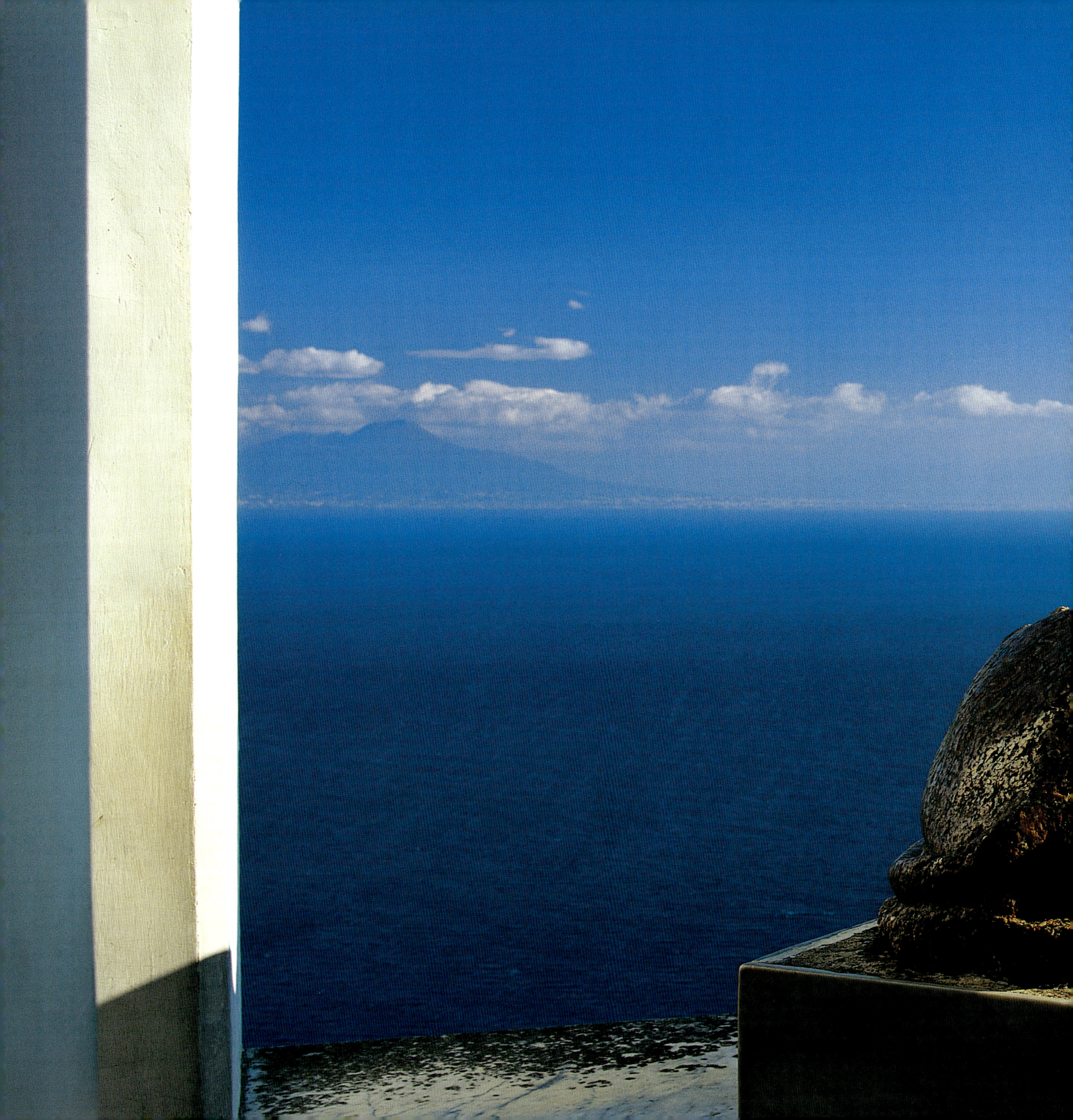

73

74

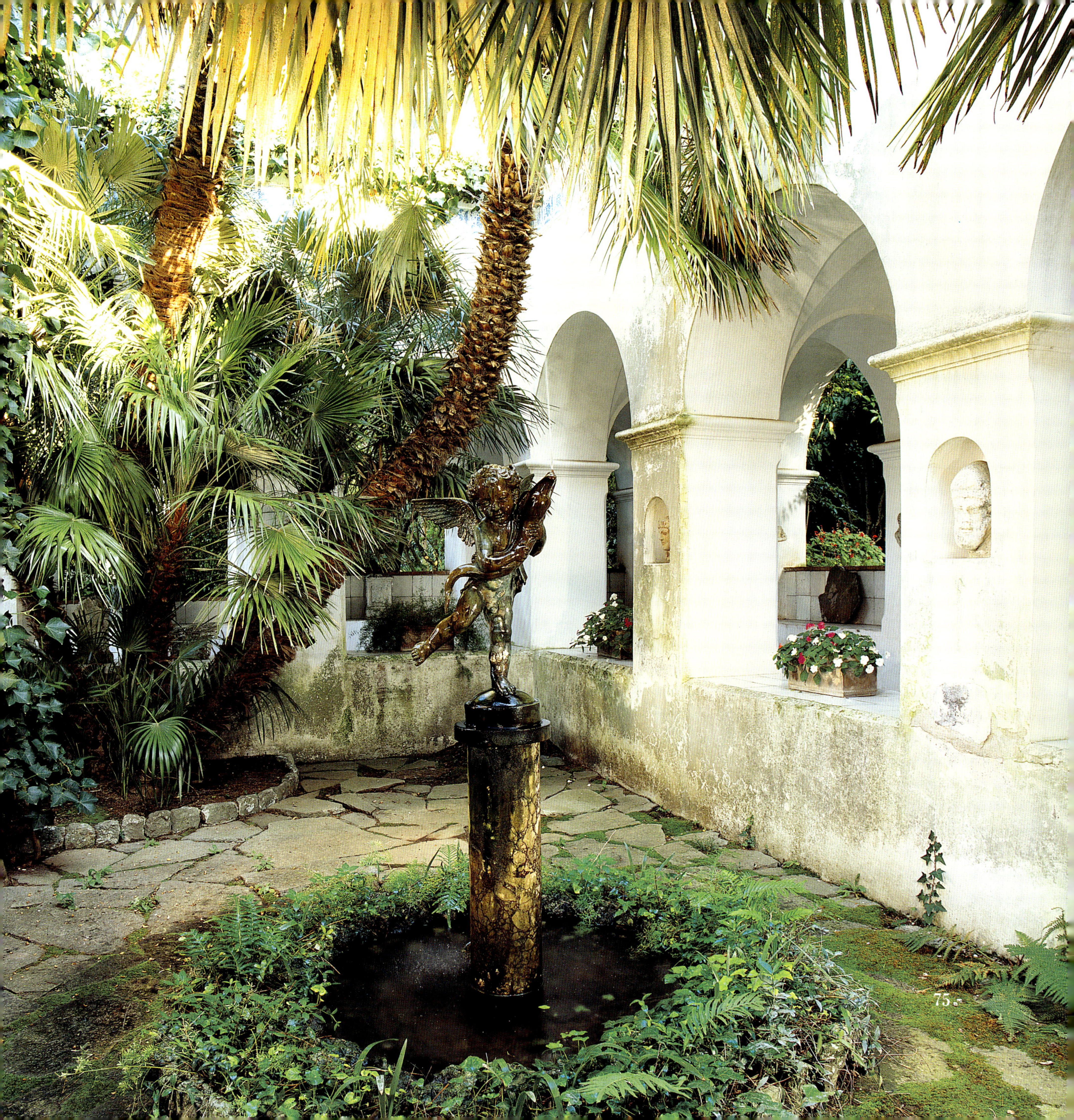

75

76

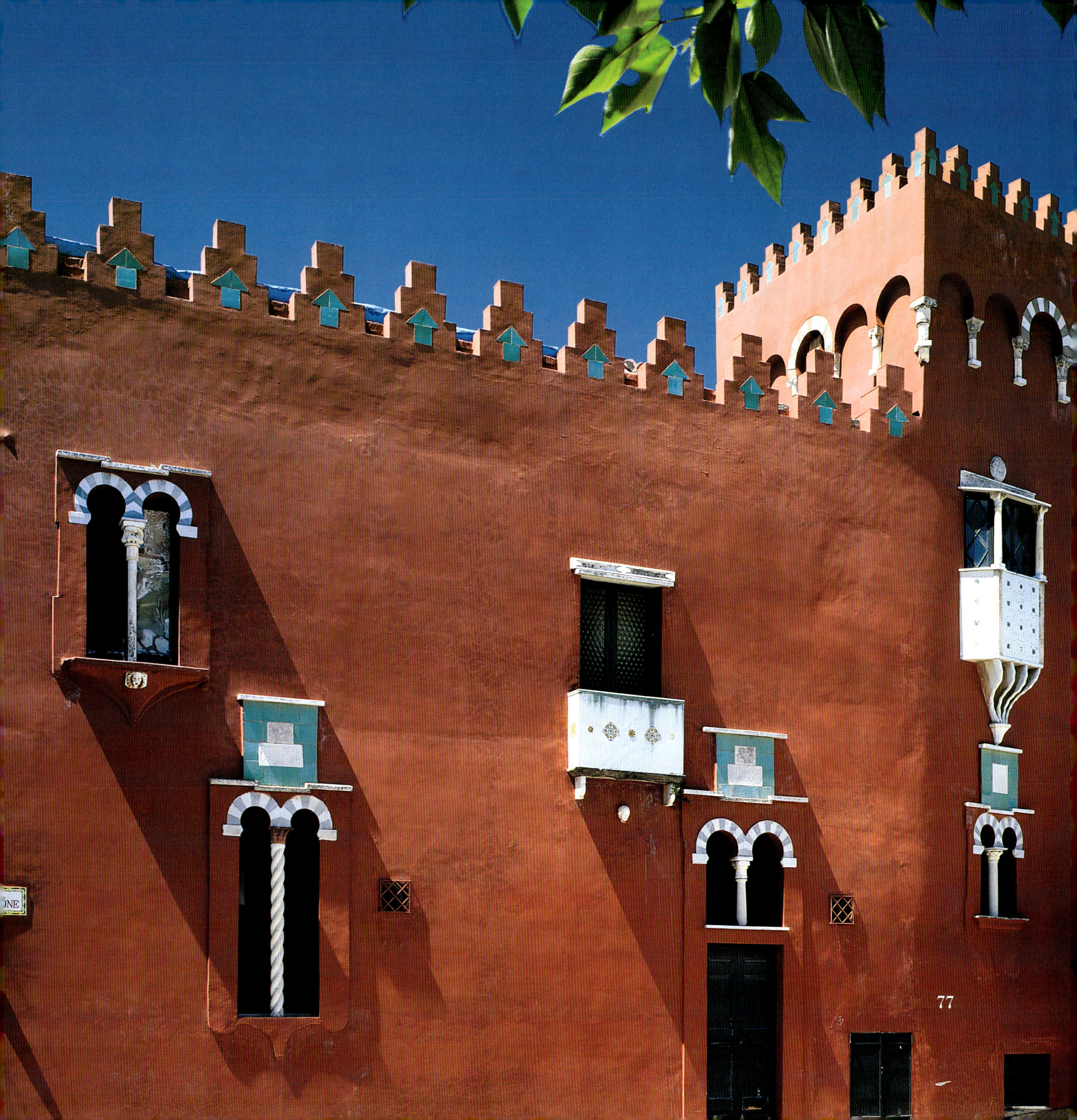

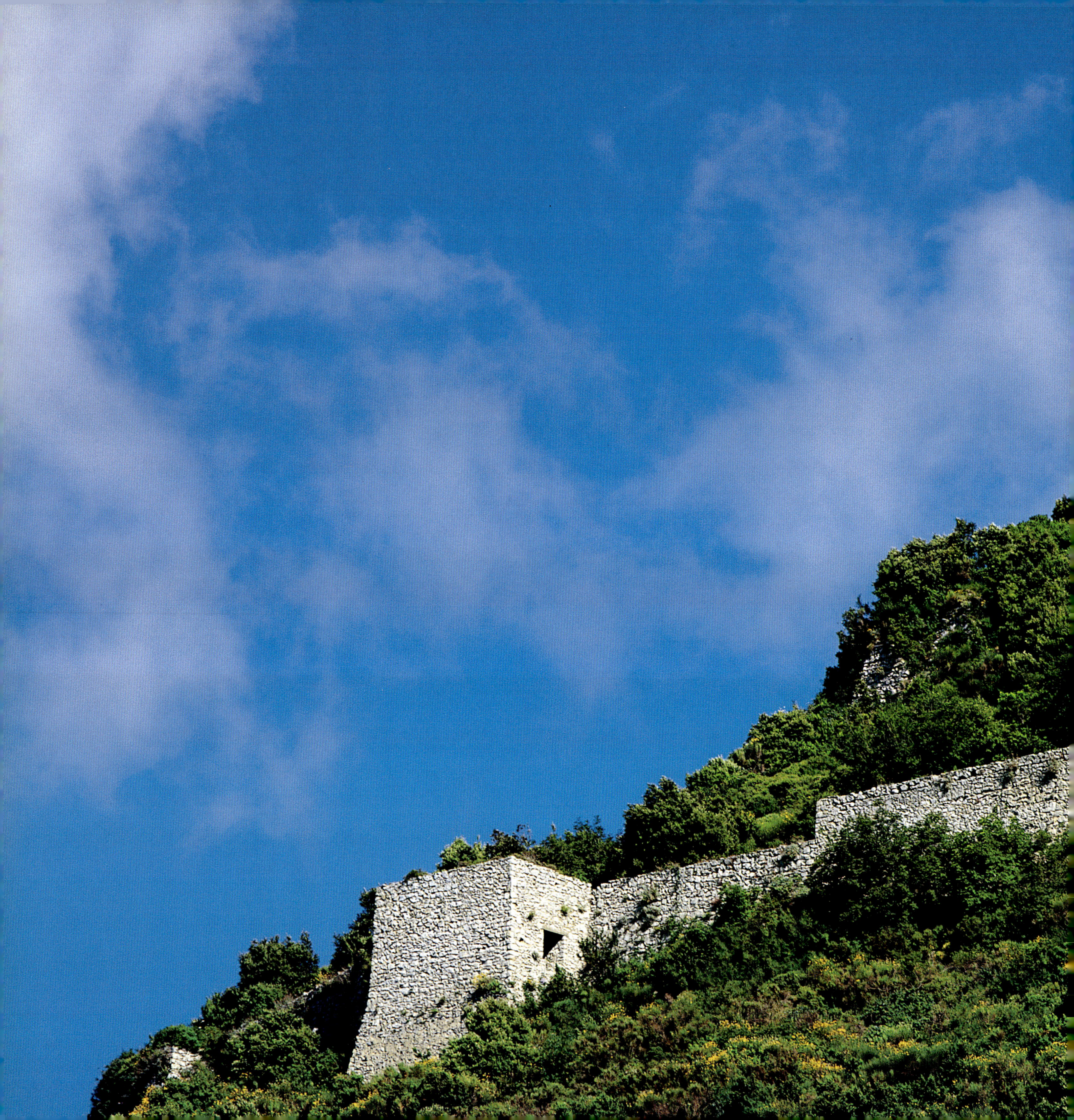

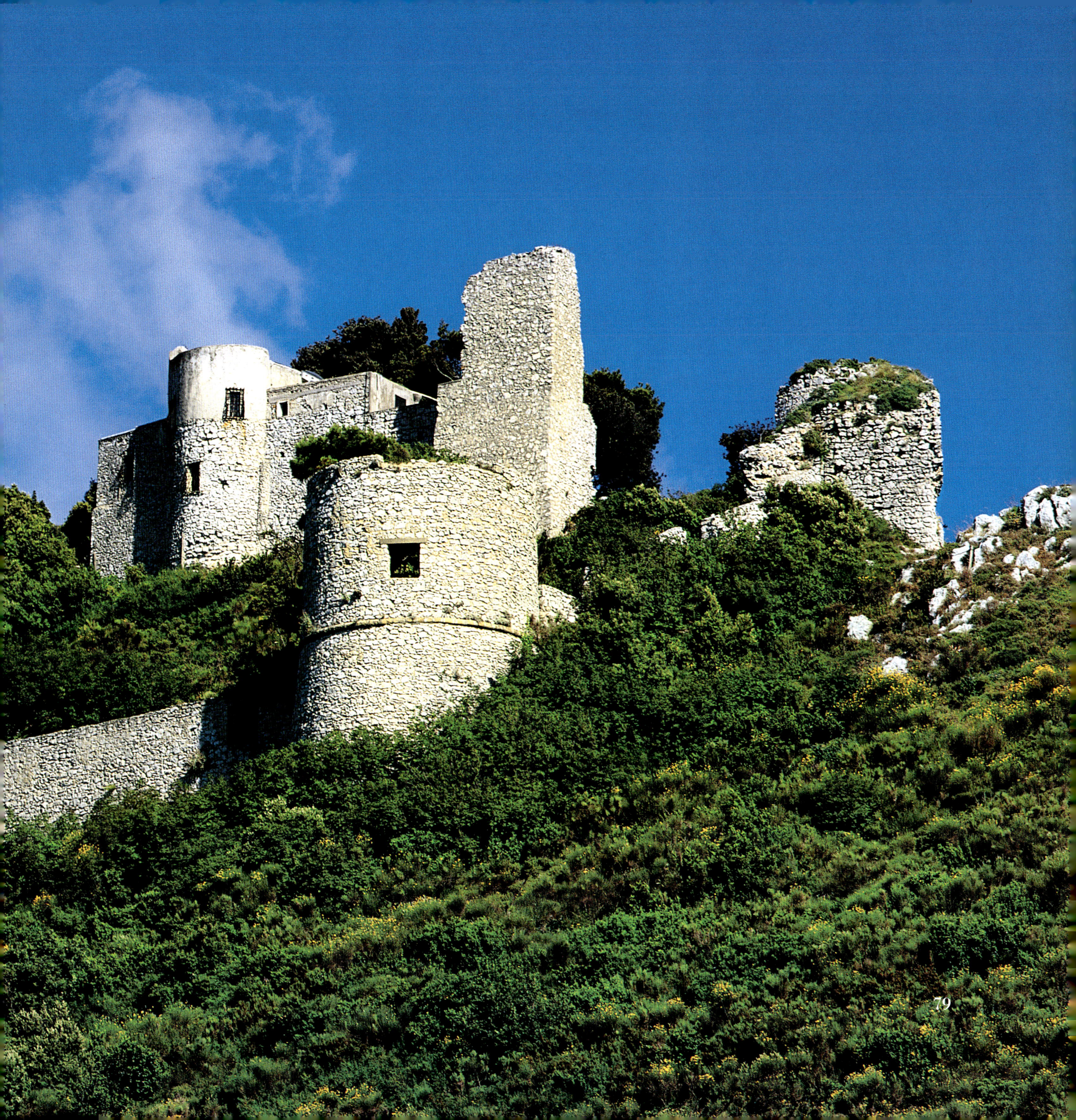

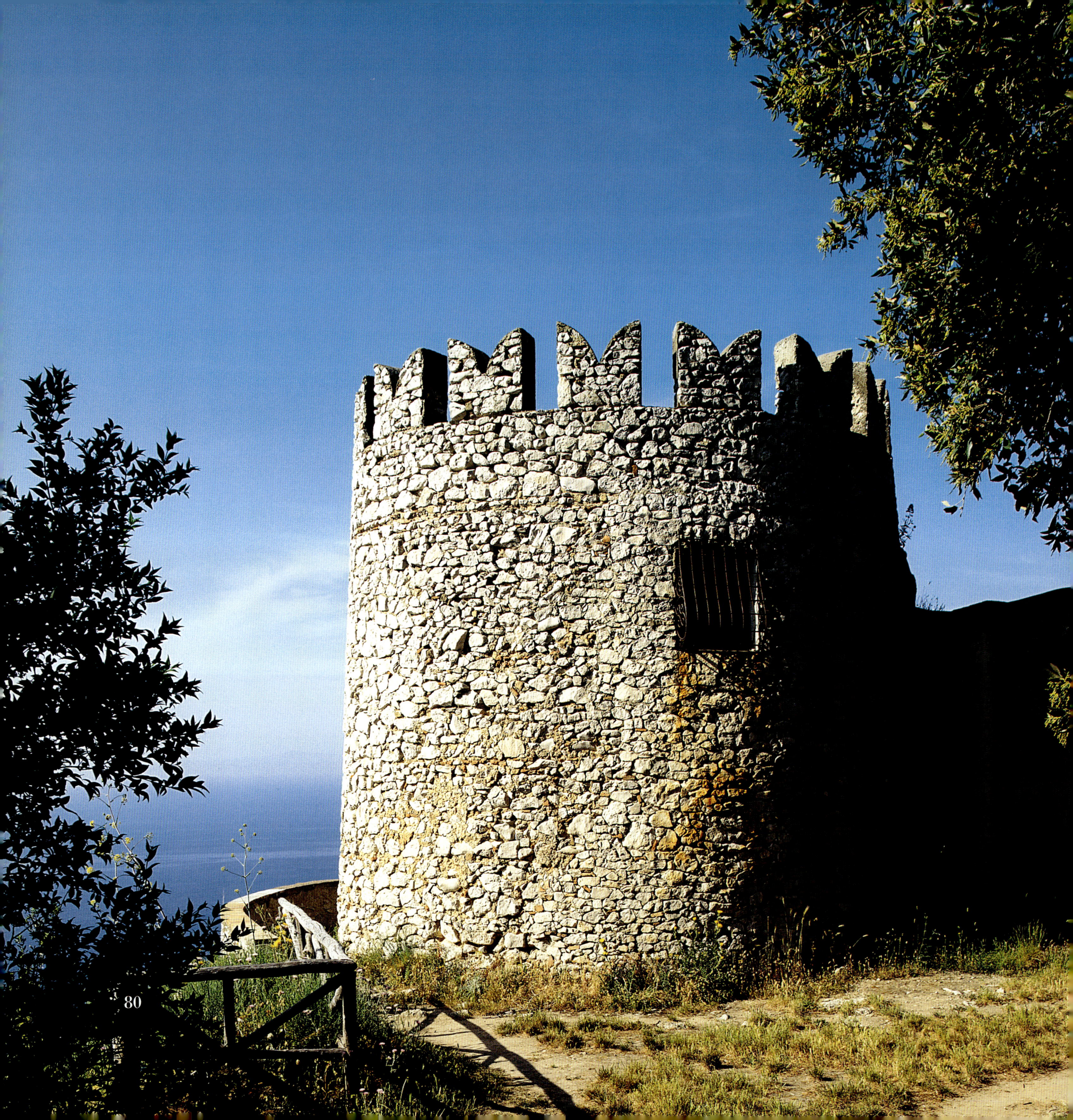

81

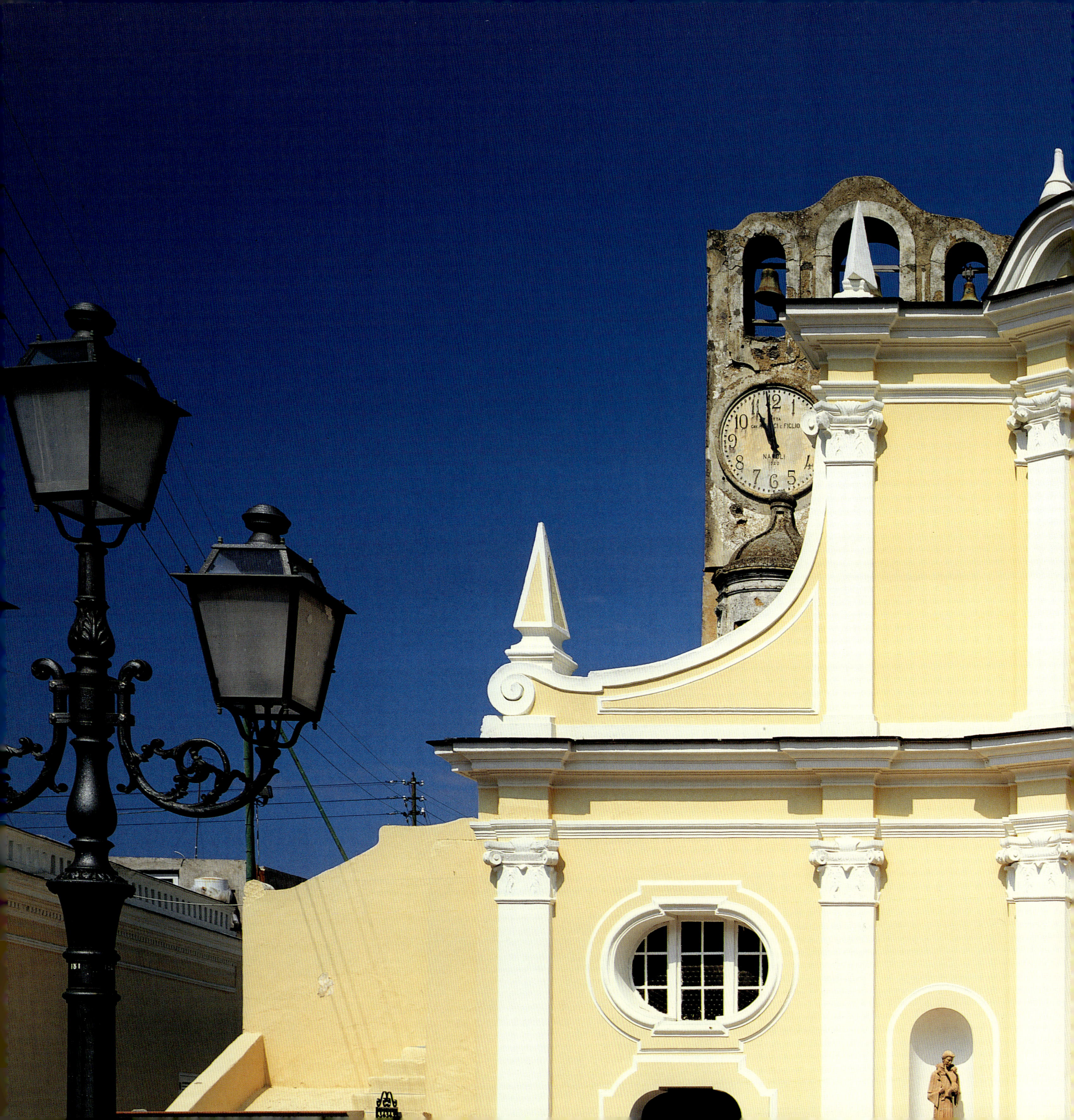

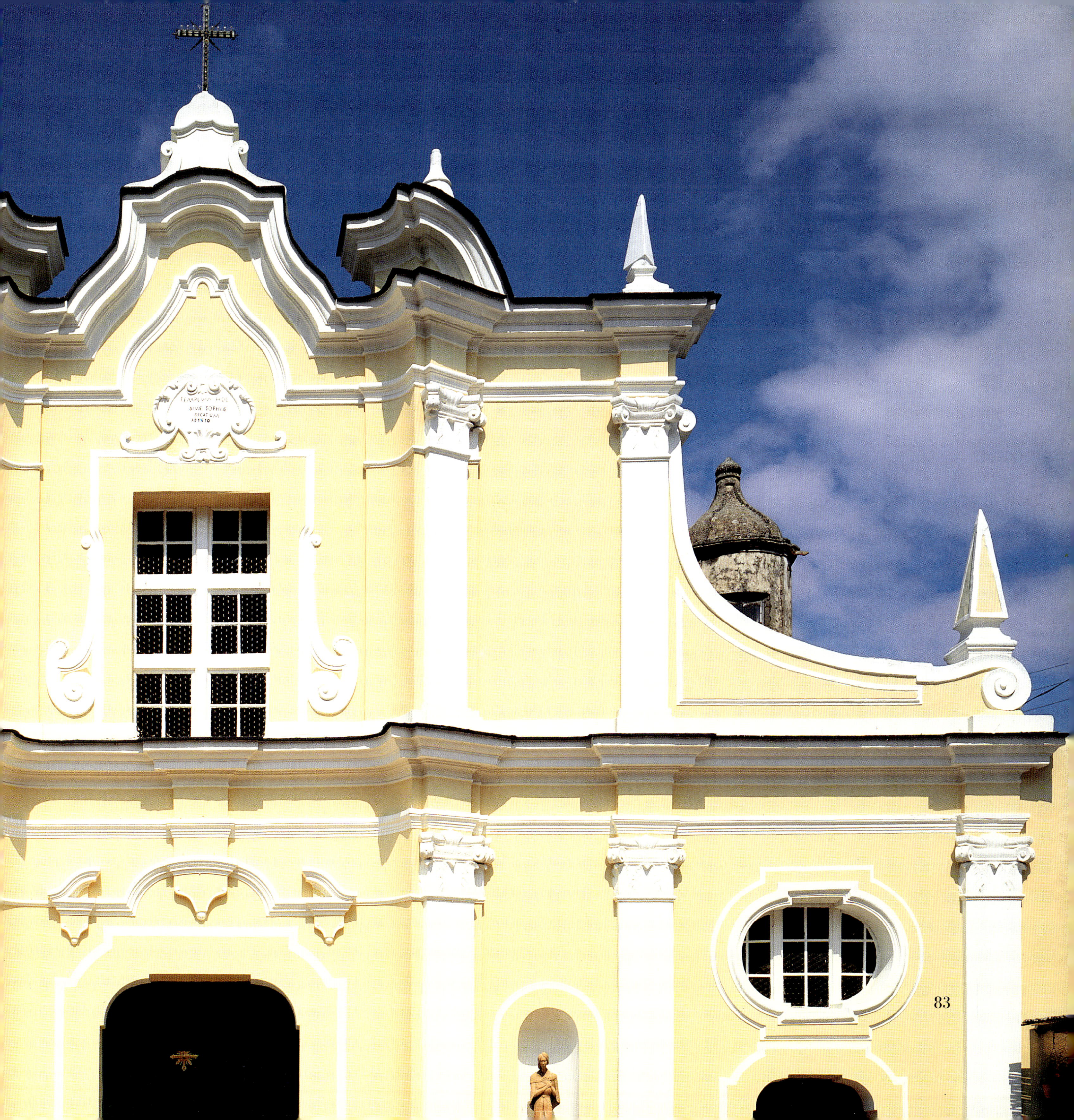
TEMPLUM HOC
DIVÆ SOPHIÆ
DICATUM
AD 1510

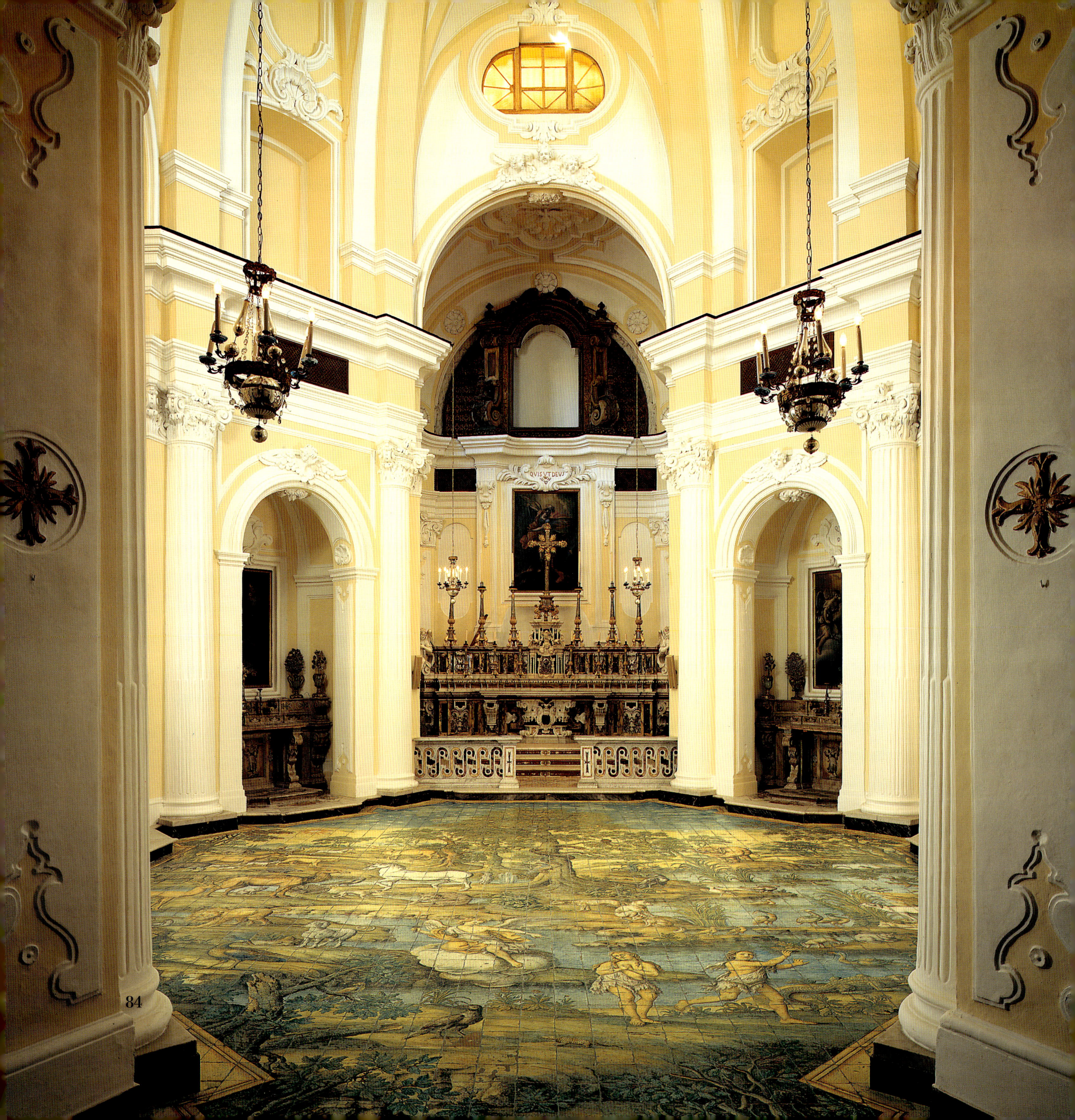
QVIS VT DEVS

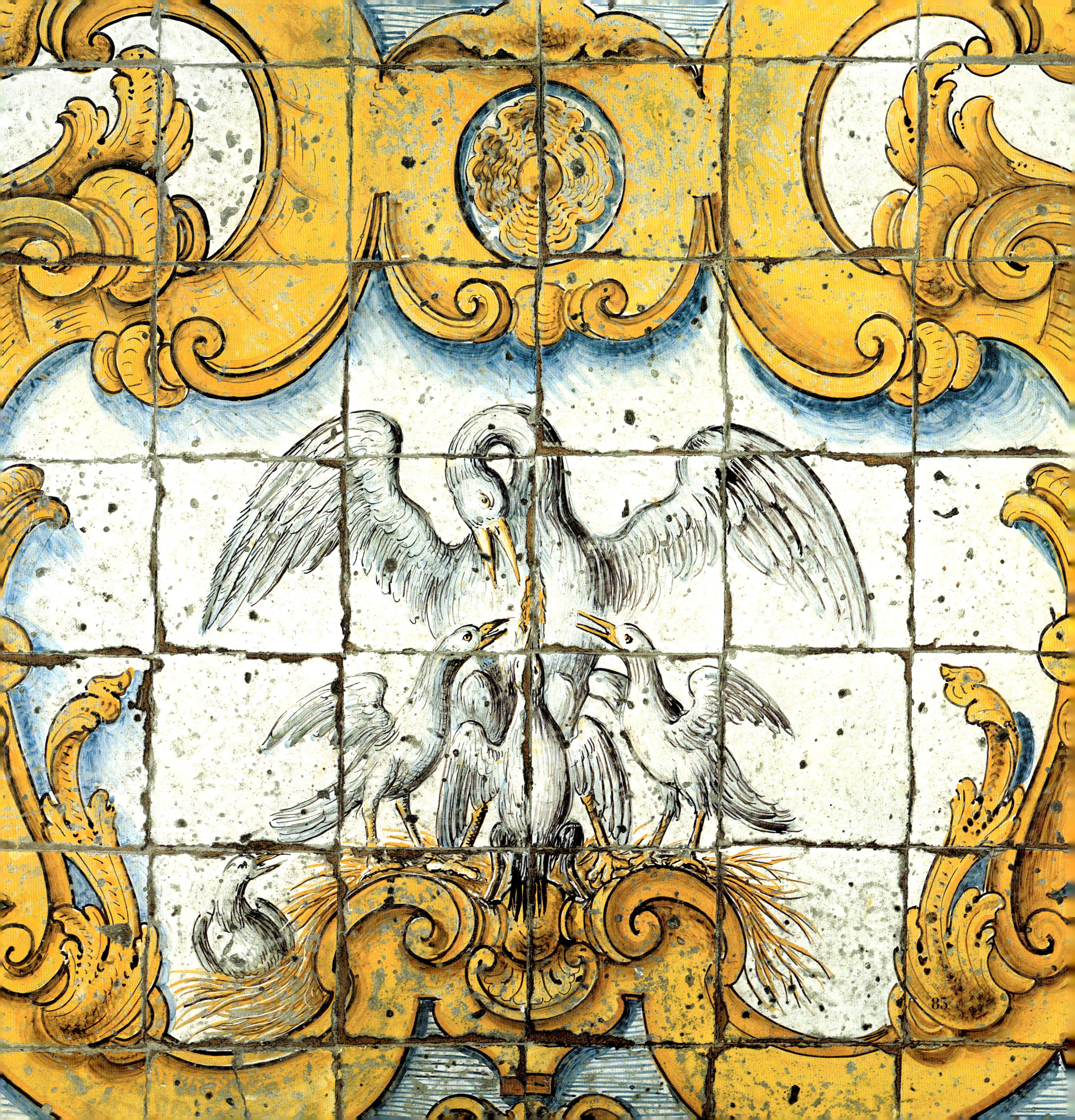

86

87

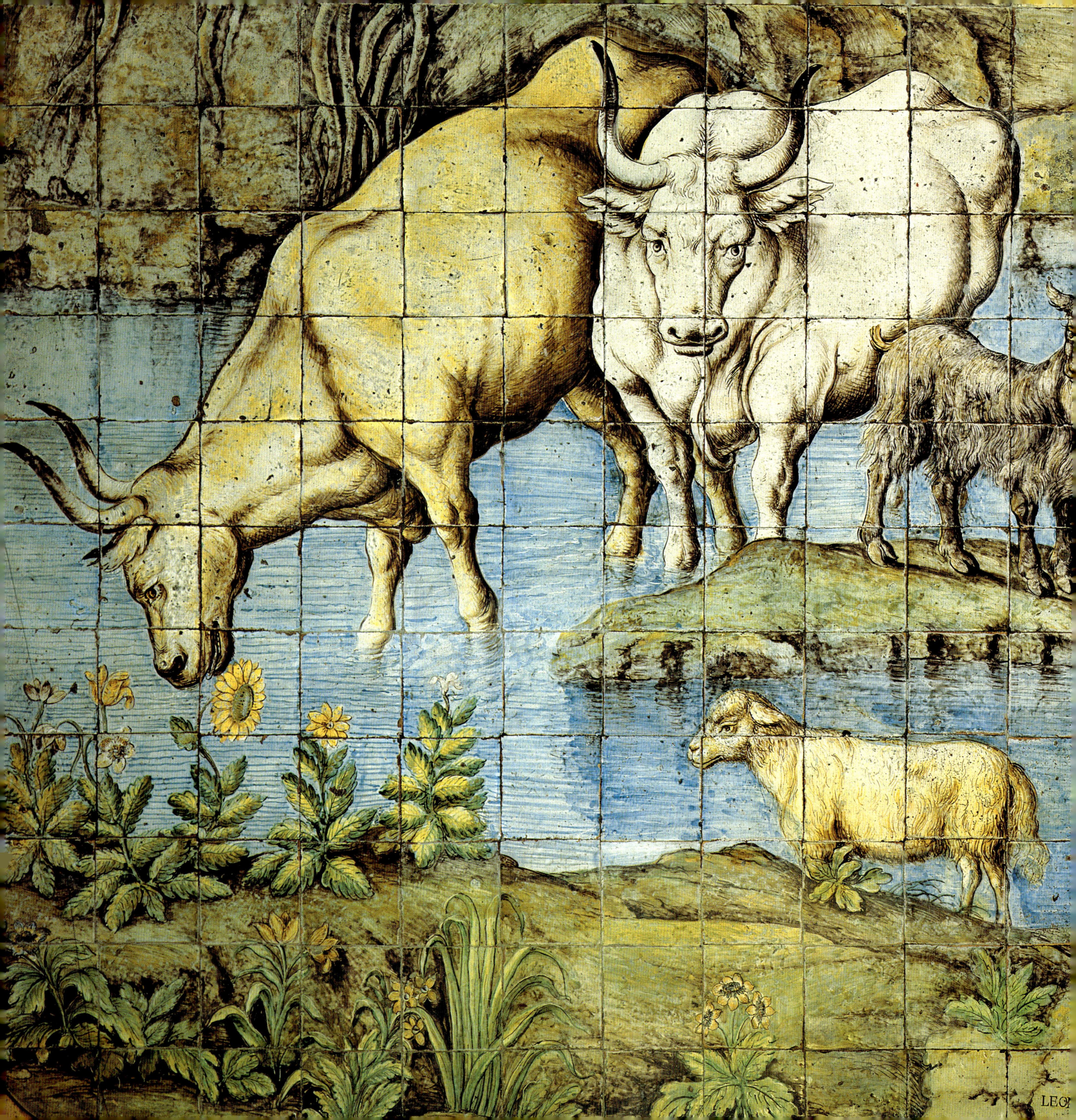
LEO

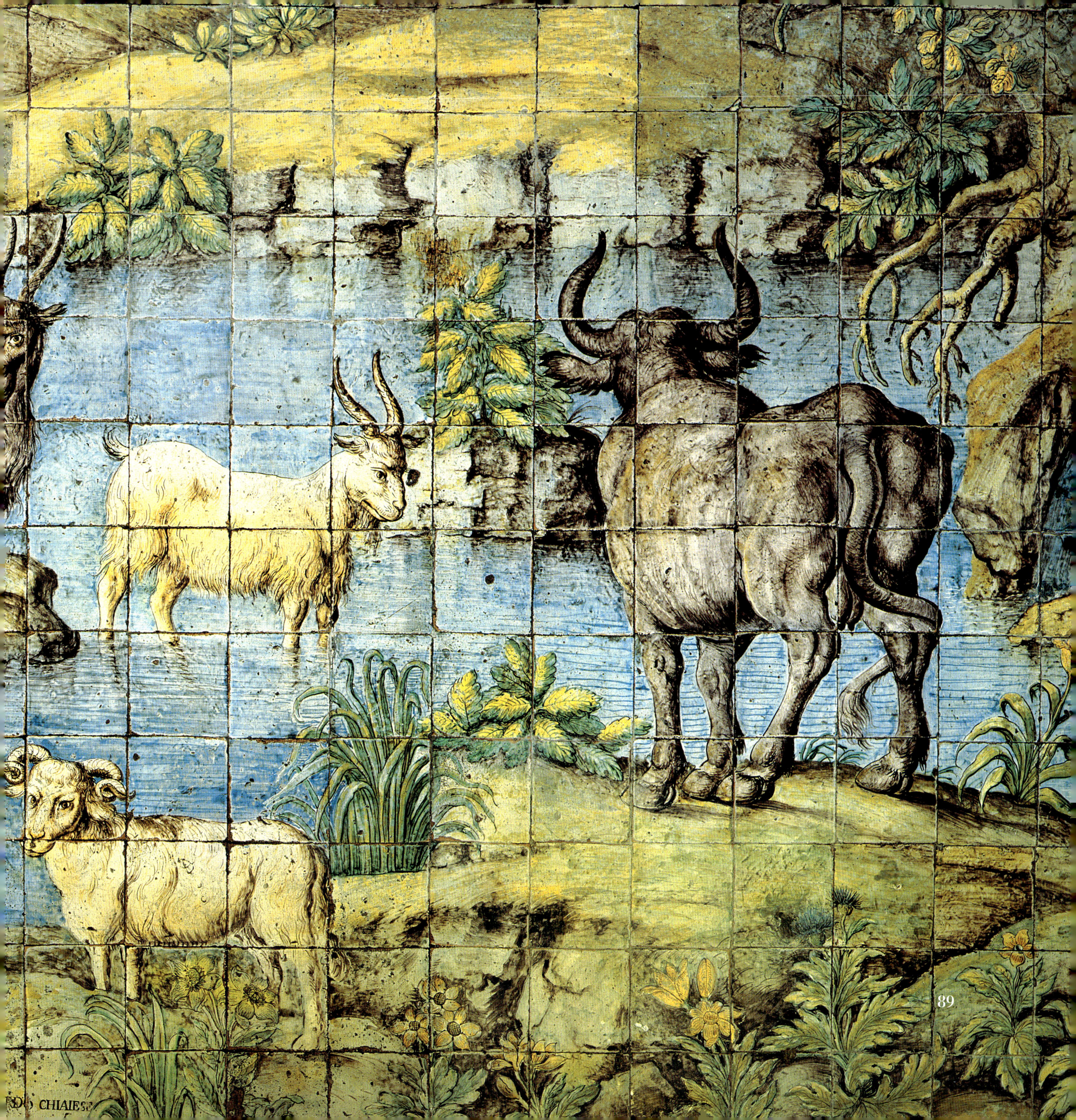

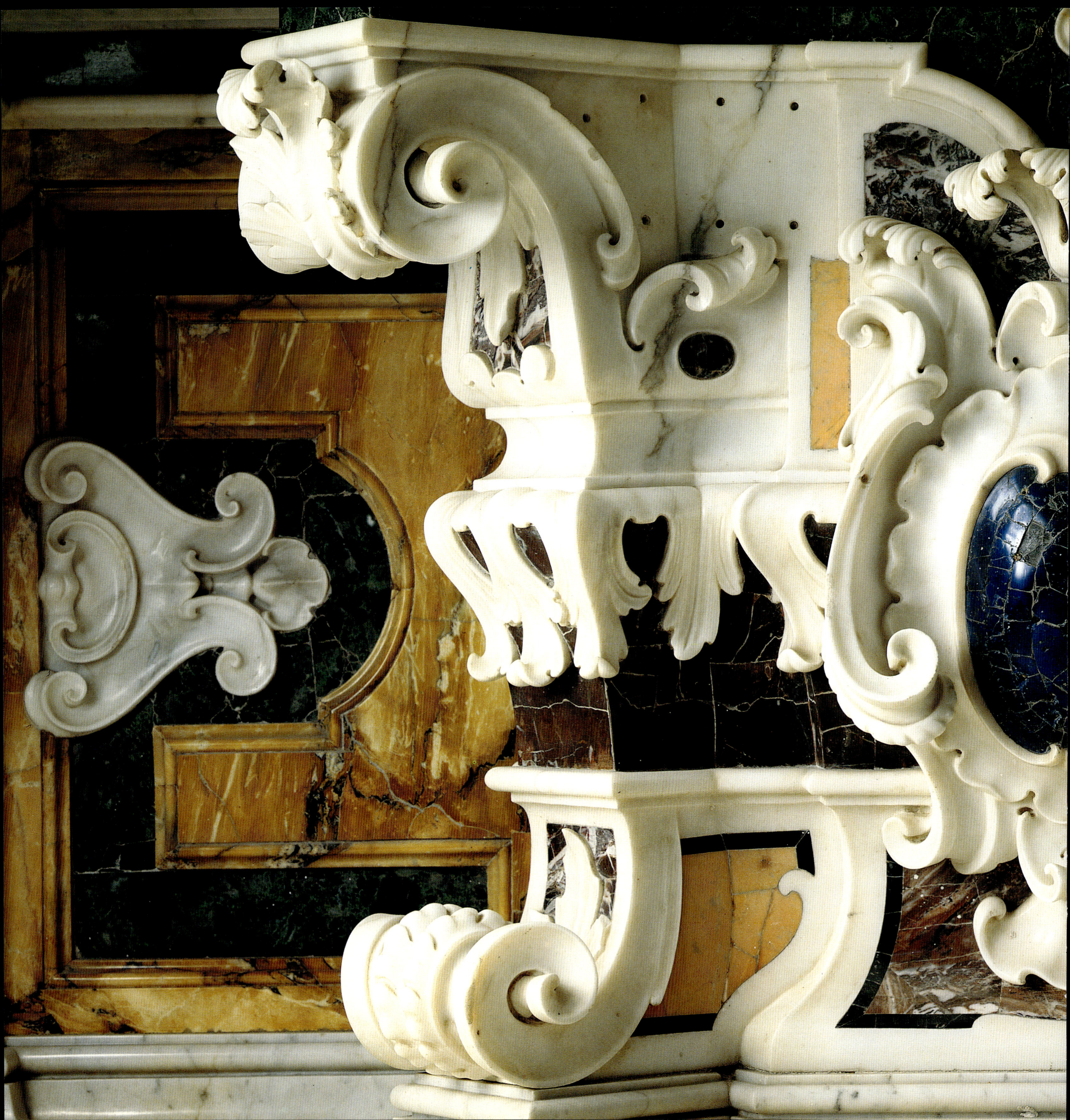

91

92

93

94

95

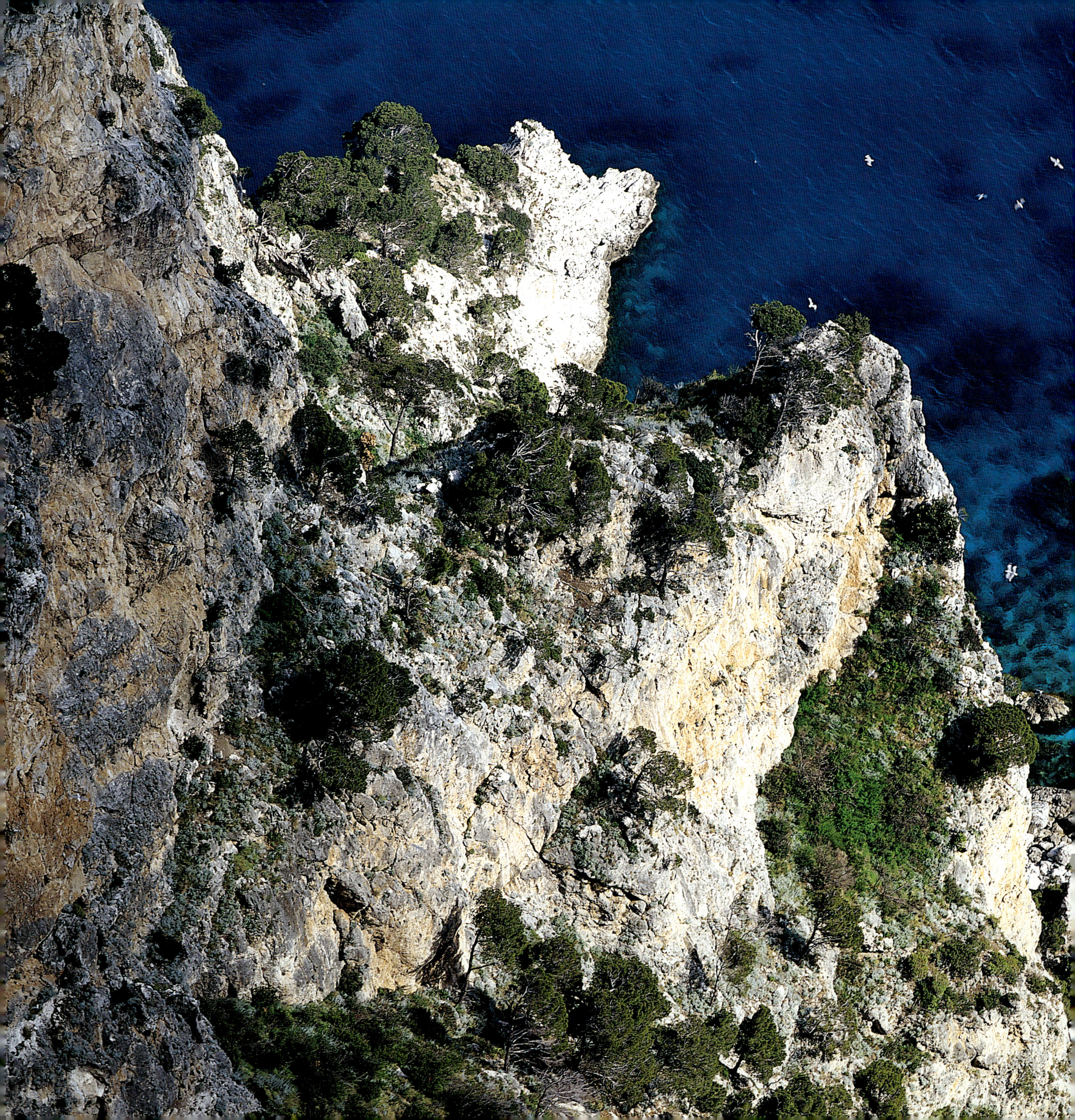

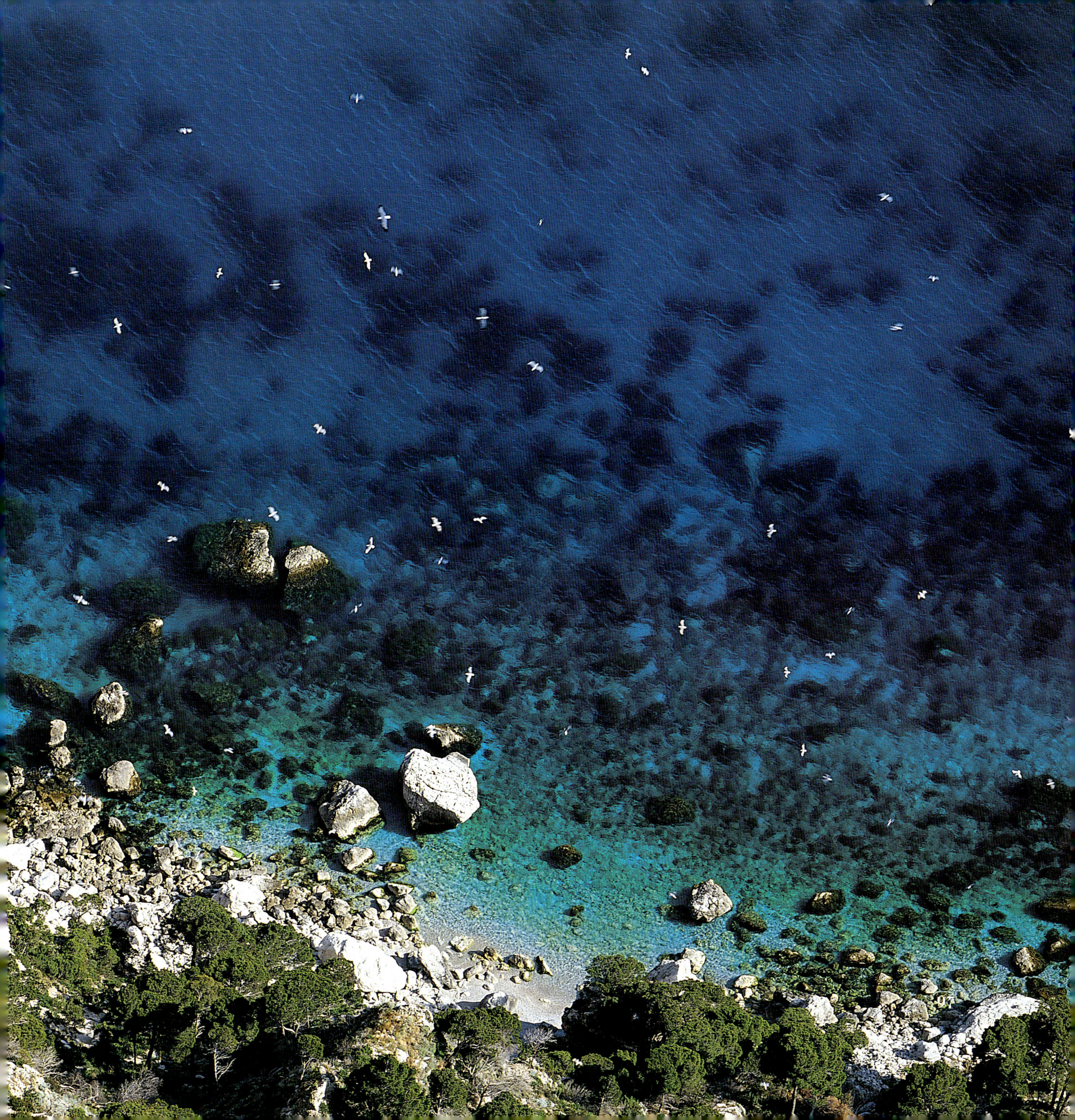

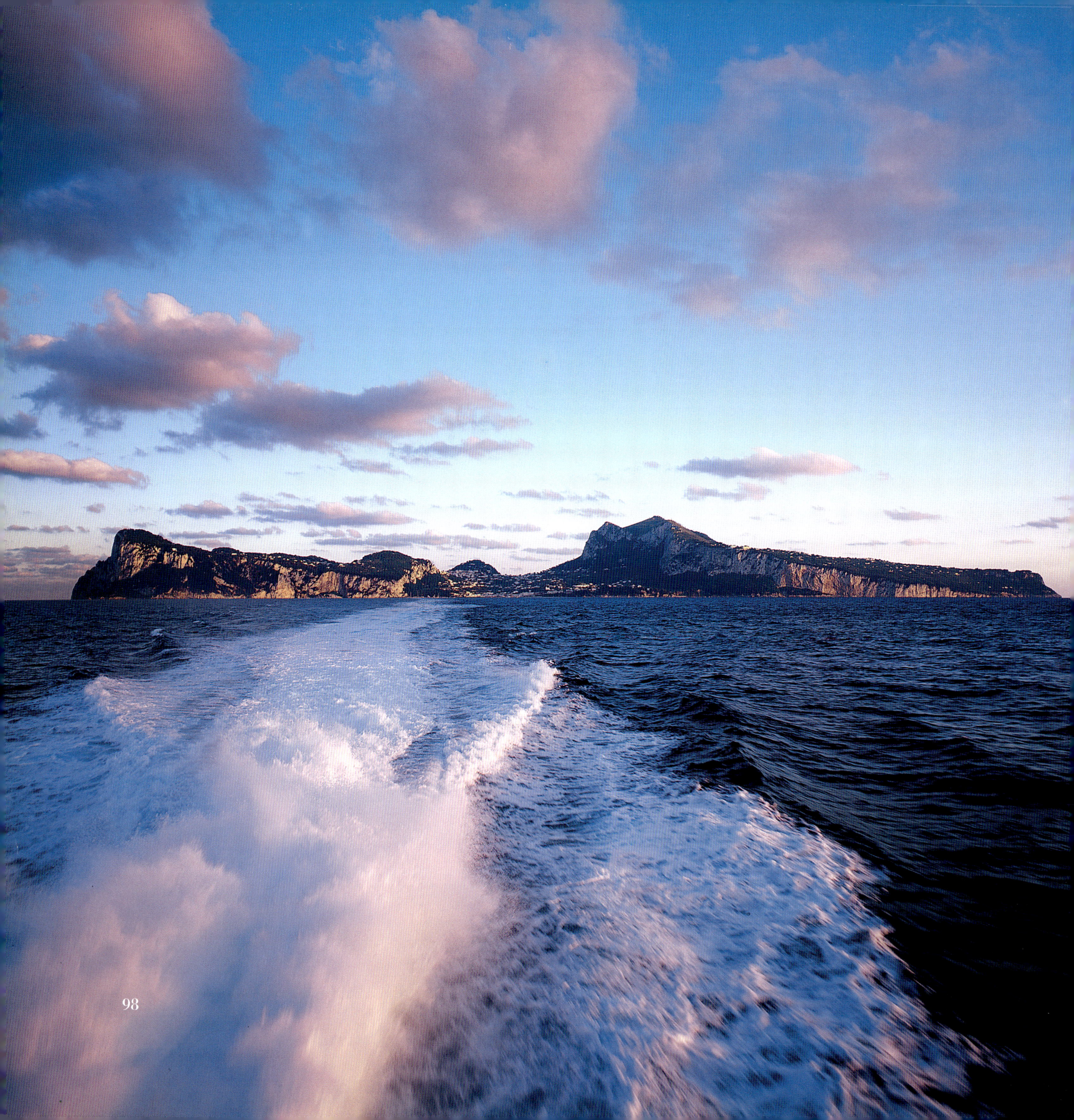

Texte français

Le nom de l'île

La première mention attestée du nom de Capri se trouve chez Strabon, qui écrit à la fin du Ier siècle avant notre ère: "Jadis, il y avait à *Capraea* deux petites villes qui finirent par n'en former qu'une seule. Par la suite, l'île fut conquise par les Napolitains." Deux étymologies sont proposées pour le nom de Capri, qui fut la "terre où paissent les chèvres" pour les Latins, et la "terre des sangliers" pour les Grecs. Longtemps avant que l'illustre géographe et historien grec ne mentionne l'île, celle-ci accueillit des foyers de population préhistorique – émouvante découverte effectuée par les Romains à l'époque d'Auguste. Alors que s'ouvraient les grands chantiers de l'époque impériale, des os gigantesques d'animaux préhistoriques furent mis au jour, ainsi que des armes, des céramiques peintes et divers ustensiles. Dans sa *Vie d'Auguste*, Suétone évoque ces pièces pour lesquelles l'empereur éprouva un si vif intérêt qu'il les exposa dans une de ses villas: le premier musée de paléontologie et de paléoethnologie dont nous ayons connaissance était né. Cette anecdote est confirmée par les découvertes effectuées au début de notre siècle en plusieurs endroits de l'île, sous l'hôtel Quisisana, dans la grotta delle Felci qui s'ouvre au cœur du mont Solaro au-dessus de Marina Piccola, notamment. Par ailleurs, nombre de témoignages furent recueillis par le naturaliste Ignazio Cerio, l'un des premiers historiens de l'île. Entre le VIIe et le VIe siècle avant notre ère, Capri entra dans le giron de la Grande Grèce, dont Cumes fut l'un des premiers comptoirs. Dès cette époque, une fracture historique s'ajouta à la fracture géographique qui séparait Capri d'Anacapri – la ville du dessus selon l'étymologie grecque. Unifiés du point de vue administratif à l'époque romaine, les sites de Marina Grande et du mont Solaro reprirent leur autonomie avec la fin de la *pax romana*. Découverte par Octave – qui n'était pas encore Auguste –, l'île fut choisie comme retraite par Tibère, qui y passa les dix dernières années de sa vie, de 27 à 37. Tacite et Suétone ont relaté les événements dramatiques qui jalonnèrent son règne et brossèrent de l'empereur un portrait où dominent les traits de cruauté et de corruption. Comme cela est fréquent en matière d'historiographie, Tibère connaît aujourd'hui une sorte de réhabilitation posthume, nombre de faits relatifs à sa vie dissipée s'étant révélés plus proches de la légende tendancieuse que de l'histoire. Pour autant, ils font désormais partie du mythe de l'île. Sans entrer dans le détail de cette relecture critique, le fait est qu'à l'époque de Tibère la villa Jovis – résidence impériale érigée, telle une acropole, sur le promontoire de Santa Maria del Soccorso qui surplombe Marina Grande et la punta Campanella – jouait un rôle comparable à celui du palais des Césars sur le mont Palatin à Rome.

A la découverte de l'île

Tout comme un vêtement, une ville, une île, une plaine ou une montagne possèdent un endroit et un envers. Naturelles ou construites, ces réalités ont un sens, comme les poils d'un chat. La très célèbre Capri possède, elle aussi, un sens qu'il est bon de contrarier quand on la visite. Elle ne prendra pas ombrage de cet itinéraire insolite, elle ne fera pas le gros dos et ne crachera pas comme un chat en colère; au contraire, elle s'empressera de donner d'elle une image méconnue, inédite. De Capri, on connaît tout, on a tout vu; tout a été dit, écrit, peint et photographié; il ne reste plus qu'à la parcourir à contresens, à la caresser à rebrousse-poil, ce que je vais tenter de faire, fort de l'intimité que je partage avec elle.
Capri est petite, aussi petite que son renom aux quatre coins du monde est grand; pour la découvrir, les moyens de locomotion les plus adaptés sont les plus anciens: les pieds sur terre ferme, la barque, un *gozzo* en l'occurrence, sur l'eau. Une heure ou une heure et demie suffiront, à quiconque prend encore plaisir à se promener, pour parcourir d'un pas tranquille, sans ambition sportive, les itinéraires les plus hardis. Comme dans une chasse au trésor, le promeneur partira de n'importe quel point, aucun parcours n'étant préférable à un autre. Même s'il se laisse guider par le hasard, il traversera des espaces et découvrira des lieux qui ne le décevront pas, qui seront à la hauteur de son attente. Les buts et les étapes ne sont pas importants en soi; s'ils peuvent l'être et le sont parfois, c'est la pérégrination elle-même qui importe.
L'île compte trois bourgades: Marina Grande, que l'on aborde en bateau – à préférer à l'*aliscafo*, l'hydrofoil qui vous précipite dans le port; Capri – les paysans âgés l'appellent "la ville" –, qui se déploie en amphithéâtre sur les flancs du mont San Michele, du mont Tuoro et des collines du Castiglione; et Anacapri, "la campagne", que défend, tel un bastion, la silhouette majestueuse du mont Solaro, éminence dolomitique rocheuse et imposante qui culmine à cinq cents mètres au-dessus du niveau de la mer. Un bastion qui n'est pas une métaphore, mais une réalité physique et stratégique qui, des siècles durant, a fait office de barrière juridique, économique et sociale entre Capri et Anacapri. La première, qui vit aujourd'hui du tourisme, devait jadis sa prospérité au commerce; la seconde porte l'empreinte des champs et des vignes dont est couverte la plaine qui descend en pente douce du mont Solaro vers l'antique village de Caprile.
Quel point de départ choisir? Puisque nous nous trouvons au sommet de l'île, nous partirons de la piazza Vittoria d'Anacapri où convergent des autocars qui déversent des milliers de touristes japonais, angolais, américains ou suisses. Sur quelques centaines de mètres, nous ne pourrons nous soustraire à leur étreinte; symbole de ralliement, le parapluie du guide les dirige vers la villa San Michele, sanctuaire consacré par le tourisme de masse. Je n'ai rien contre ces groupes qui se succèdent sans trêve, mais cent mètres en compagnie de l'un ou l'autre d'entre eux me suffisent amplement. Ils empruntent la petite rue qui mène à la célèbre villa d'Axel Munthe, médecin et écrivain suédois qui élut l'île pour patrie dans les années 1880.
Sa demeure abrite des pièces archéologiques, de l'époque impériale pour la plupart, qu'il réunit au cours de fouilles effectuées d'abord de manière improvisée, puis de façon systématique. Après avoir dépassé une villa néoclassique, coiffée d'un fronton élégant soutenu par des colonnes, qui se dresse au sommet d'un escalier large et escarpé, nous empruntons un sentier abrupt. Après dix minutes de marche, à peine plus, au cœur de l'été, notre solitude est totale: le sentier monte et serpente doucement au flanc de la

Texte français

colline, ombragé par des pins et des platanes, des chênes et des acacias d'une belle hauteur. Le regard balaie les villages qui s'étendent jusqu'au Pagliaro – "pailler", un toponyme évocateur d'usages agricoles oubliés –, se porte sur les ruines de la villa Damecuta, datant du règne d'Auguste, et tombe sur la grotta Azzura – la Grotte bleue. Il rejoint ensuite le plateau rocheux de Mesola – un nom d'origine grecque dont la signification est "qui est au milieu" – que l'on reconnaît aux murailles d'un petit fort à pic sur la mer. Mesola peut être rejoint par l'escalier raide qui part de la piazzetta de Caprile à Anacapri, ou bien par un sentier spectaculaire qui s'ouvre au bout de la route départementale conduisant à la grotta Azzura. Un parcours initiatique à travers arbres colossaux et enchevêtrements de grottes, de mousses et de plantes mène à un plateau pierreux à pic sur la mer qui embaume les fleurs sauvages au printemps, se teinte de l'or des genêts au début de l'été, avant d'être brûlé par le soleil accablant d'août. Ses coloris varient au fil des saisons: prés rutilants de coquelicots mêlés de marguerites blanche et jaune en avril; feuillage jauni que le vent sème à pleines mains en automne, arrachant son manteau au bois qui recouvre un versant de Migliara; mousses gorgées de pluie en hiver, plus douces que le plus moelleux des tapis. Telle est la flore de Capri dont l'écrivain et naturaliste Edwin Cerio nous a laissé une description à la saveur incomparable. Les arbustes desséchés par le soleil rendent le paysage pareil à de l'étoupe; qui préfère la verdure choisit un autre itinéraire (les paresseux l'effectueront en télésiège) offrant la fraîcheur du bois et l'ombre de la petite église Santa Maria a Cetrella. Agrippée à la paroi du mont Solaro, celle-ci réserve une étourdissante vue en surplomb de Marina Piccola; site écarté dont la restauration est l'œuvre de jeunes gens généreux de leur temps libre, elle constitue un modeste florilège des cultures qui se sont succédé sur l'île. Le nom de Cetrella dérive de *cedrina* – la verveine citronnelle –, une des nombreuses plantes aromatiques que l'on trouve dans cette petite vallée. C'est ici qu'à la fin du XVe siècle apparut un ermitage de frères dominicains, dont le caractère gothique tardif est nettement perceptible. Les petites cellules des frères, l'entrée aménagée dans la profondeur d'une arcade ogivale, le clocher de l'église et les voûtes en berceau sont typiques de l'architecture médiévale.

Au XVIIe siècle, l'ermitage et l'église furent remaniés: le mélange de styles parfaitement homogène qu'elles présentent emprunte aux deux périodes les plus fastes que l'île ait connues après l'Antiquité: le Moyen Age – très long – et l'âge baroque. Bien qu'elle mérite le détour avec ses deux cloîtres, son église, son réfectoire et son campanile élancé et sommé d'un renflement baroque, il n'est pas nécessaire de se rendre à la chartreuse de San Giacomo: à une moindre échelle, Santa Maria a Cetrella propose les mêmes signes de stratification séculaire. Méconnue, elle demeure à l'abri de l'avidité photographique des touristes. Dans cette vallée située entre le mont Solaro et le mont Cappello, entre un bois ombreux et un édifice séculaire au dépouillement envoûtant, des esprits vulgaires ont formé le dessein d'aménager un terrain de golf. Idée sacrilège qui réduirait ce sanctuaire naturel – véritable oasis de paix sur cette île surpeuplée – en un pays de cocagne pour touristes fortunés, à qui je voue la plus grande estime, cela va sans dire. Néanmoins, je ne vois pas pourquoi il faudrait abîmer ce lieu miraculeusement préservé. Et, puisque dans l'immense Afrique elle-même il existe des zones protégées, il serait navrant qu'un espace sauvage n'ayant d'autre fin que d'exhiber sa solitude poignante et enchanteresse ne puisse trouver place sur ce minuscule rocher perdu dans la Méditerranée.

De cette vallée, le promeneur accède au mont Solaro et à son belvédère qui offre un panorama à trois cent soixante degrés sur le golfe; par temps clair, le regard atteint l'île Li Galli, qui fait face à Positano, et de là se porte jusqu'à la chaîne violacée de l'Apennin qui protège la côte du Cilento. Plus proches de nous, les Faraglioni, des îlots rocheux, montent la garde près d'une avancée escarpée qui protège l'anse naturelle de la baie de Marina Piccola. Véritable citadelle qui demeura longtemps étrangère à l'île avant de devenir un refuge, la chartreuse de San Giacomo déploie son vaste cloître en arrière-plan. En haut, sur le plateau, se dresse la villa Jovis, vaste et majestueux édifice de l'époque impériale, doté de grands arcs de brique et de voûtes pavées imposantes, destinées à recueillir la moindre goutte d'eau que le ciel daigne concéder à l'île où la sécheresse a sévi pendant de longs siècles. Modelée par le manque d'eau, l'architecture capriote se caractérise par des couvertures – somptueuses ou modestes – pavées de *lapilli* qui recueillent les eaux pluviales dans de vastes citernes. Voûtes et citernes constituent ainsi le trait le plus marquant de l'architecture locale. Du belvédère, le promeneur descend à Anacapri en suivant un sentier sur lequel Alberto Savinio a écrit des pages admirables; il peut également descendre directement à Marina Piccola en empruntant le sentier accidenté qui surplombe le Passetiello, le seul passage qui, des siècles durant, jusqu'à l'ouverture de la route carrossable, faisait communiquer Capri et Anacapri, la ville et la campagne. En guide prudent, je déconseille cet itinéraire aux personnes qui n'ont pas le pied sûr ou qui sont sujettes au vertige, car il est escarpé et s'éboule en plusieurs endroits – il a toutefois retrouvé tout son charme grâce à une intervention bien peu onéreuse: plus un bruit n'y trouble le silence, sinon le chant des oiseaux et le cri strident des mouettes qui planent au-dessus de la mer à la recherche d'une proie. On ne saurait trop regretter que les sentiers de randonnée ne soient pas maintenus en bon état; souvent défoncés, envahis par les herbes folles et les arbustes, leur entretien est laissé aux volontaires de la Lega Ambiente qui font de leur mieux; les service communaux se sont récemment inquiétés du problème, aussi je les implore: ces petits chemins n'ont nul besoin de béton pour survivre, juste d'un bon entretien, modeste, efficace. Emprunter ce chemin revient à caresser l'île à rebrousse-poil, une île que l'on peut visiter en toutes saisons avec la certitude que l'on sera presque seul à accomplir ce pèlerinage qui révèle l'âme de Capri.

D'ici, le visiteur domine la ville de Capri et le golfe tout entier. Baignés par l'écume des vagues, les rochers brillent dans la lumière du soleil. Au couchant, celle-ci est plus dorée, elle prend des teintes nacrées tandis que la surface de l'eau se pare de reflets violacés. En parcourant la crête de la colline bordée de pins, le promeneur laisse derrière lui l'ermitage de Cetrella et sa vallée parsemée de buissons verts et neufs. Un vent léger fait vibrer les feuilles des chênes-liège, des chênes verts et des platanes avant de se faufiler entre pieds de romarin, de lentisques et de menthe. L'atmosphère embaume; des bouffées d'air où domine le parfum du genêt parviennent au visiteur et l'étourdissent. Au sommet de cette montée légère se trouve un belvédère naturel, une sorte de proue dominant un abysse bleu, d'où l'on découvre Ischia et Procida. Deux chemins s'offrent alors: le Passetiello, antique sentier de chasseurs dont les virages serrés descendent à Marina Piccola, et l'Anginola, qui adhère à la paroi rocheuse comme un serpent. C'est là le versant le plus sauvage du mont Solaro; la moindre distraction y est fatale et le paysage s'y admire avec prudence. Soudain, une gorge profonde s'ouvre, recouverte d'un bois à la végétation dense où la lumière du jour déclinant pénètre à peine. Le soleil est déjà masqué par la montagne; aucun bruit ne s'entend, sinon le craquement des feuilles sous les pas. Une grotte très sombre s'ouvre, qu'il conviendrait d'explorer. Mais rien ne presse pour découvrir ce que recèle cet antre obscur. Un tronçon droit se présente que l'on parcourt agrippé à une rambarde, puis à une chaîne: une bagatelle pour les montagnards, mais ici nous sommes des gens de la mer. La profondeur des précipices provoque une certaine excitation chez les uns, plonge les autres dans un mutisme total. L'air désorienté, Ilaria, ma fille, me regarde avec ses yeux de biche. Je passe devant elle, lui tends la main de temps à autre et feins l'indifférence devant le précipice qui s'ouvre à chaque pas devant nous. Il fait déjà sombre quand nous arrivons en vue de la via Turina, qui mène aux Due Golfi. Face à nous, les lumières de Capri brillent de tout leur éclat; plus bas, immobiles, les îlots rocheux se découpent sur le paysage et sourient comme des pierres enchâssées dans le bleu languide de la mer.

Aux Due Golfi – là d'où partent les routes qui mènent à Marina Piccola et à Marina Grande – s'amorce un petit escalier avec un four fleurant bon le pain chaud et les brioches; il reprend le tracé de l'antique sentier creusé dans la paroi du Solaro, la *scala fenicia* – escalier phénicien –, qui date du temps

Texte français

des Grecs et non des Phéniciens comme son nom le laisse entendre. Récemment restauré, il est redevenu parfaitement praticable: le soir, il s'illumine, comme un éclair qui strierait l'échine calcaire du mont. Il s'élève entre de hauts murs de pierres sèches, des tonnelles de vignes, des vergers d'orangers et de citronniers sagement ordonnés, des jardins potagers que colorent tomates, aubergines, courgettes, pêches, prunes et abricots. La plaine, qui descend en pente douce vers la côte, est surplombée par la paroi abrupte du mont Solaro. En tournant le dos à la mer, le promeneur aperçoit la villa San Michele – un peu ridicule avec sa prétention vaguement danunzienne –, d'où part la *scala fenicia*; plus bas, l'œil découvre la petite église Sant'Antonio, blottie comme une colombe; l'escalier dégringole ensuite vers Capri, entrecoupé çà et là par une route carrossable. A la fin du XVIIIᵉ siècle, Philipp Hackert représenta cette partie de l'île dans une gouache magnifique, une commande du roi Ferdinand IV, qui possédait à Capri une résidence – le palazzo Canale, aujourd'hui en ruine – où il venait chasser la caille. En descendant vers la mer, le promeneur distingue le Vésuve, qui se détache sur un paysage urbain très dense. Plus loin, il traverse un portique fait de poteaux de bois, autour desquels s'enroulent des vrilles de vigne et les branches noueuses d'une glycine. Elle est si épaisse et si parfumée, la trame bleue et mauve des glycines, qu'une halte s'impose. Parfois, un paysan passe par ici; sous ce toit naturel, dont l'ombre est accueillante et reposante, le parfum des fleurs est plus intense. Il est difficile de s'arracher à cet endroit idyllique, mais la promenade réserve d'autres surprises fort agréables. Au-delà du terrain de sport, la mer se fait entendre et des briques apparaissent, celles de murs en *opus reticulatum*. Les jardins regorgent d'hibiscus aux fleurs écarlates ou jaunes, à la splendeur charnue; dénuées de parfum, elles déploient toute leur énergie pour exhiber leurs pétales veloutés. En vue du palazzo a Mare, les vestiges de murs antiques utilisés pour soutenir les terrasses se multiplient. A partir du terrain de sport – qui fut un champ de Mars au début du XIXᵉ siècle lors de la conquête de l'île par Joachim Murat qui l'enleva aux Anglais – les terrasses s'étendent jusqu'aux bains de Tibère. C'est là que se trouvait le port romain et que fut édifiée la résidence impériale et estivale dont Auguste et Tibère appréciaient la fraîcheur, et aussi la proximité avec la mer. Des résidences nombreuses qui parsemaient l'île, elle était l'unique *villa maritima*. Il ne fut pas facile à Amedeo Maiuri d'en relever les ruines et d'en proposer un plan d'ensemble, à l'instar de ce que firent ailleurs certains savants qui, entre la fin du XVIIIᵉ siècle et le début du suivant, se prirent de passion pour l'archéologie et, notamment, pour les édifices datant de l'époque d'Auguste et de Tibère. Qui partage cette passion se reportera au guide admirable de Maiuri; qui ne la partage pas se laissera néanmoins séduire par les ruines majestueuses qui émergent des flots. Où situer l'éphébie dans laquelle, rapporte Suétone, Auguste assistait aux exercices des Capriotes? Et le xyste, le jardin de la villa impériale? Et la promenade où déambulait le triste Tibère pour oublier les clameurs de Rome? Près du rivage, nettement distincts, s'élèvent les vestiges d'un grand nymphée, où les barques sont aujourd'hui tirées au sec. Le long de la plage, la mer d'un vert d'émeraude est transparente; de petits lacs d'eau tiède se forment, accueillants comme le giron maternel, tapissés d'algues et de mousse, parsemés de filaments soyeux. Au-dessus de cette mer claire s'élève un restaurant sur pilotis, familial et bon marché, où l'on déguste des anchois marinés et poivrés ainsi que des aubergines grillées que l'on arrose d'un vin âpre et sulfureux comme l'est le vrai vin de Capri, un vin peu alcoolisé à la robe pâle et légèrement trouble. Qui en éprouve le désir peut remonter par le sentier; rares sont les volontaires. Plutôt que de s'arrêter pour déguster des anchois marinés, certains préfèrent monter dans une barque qui les ramène confortablement au port de Marina Grande. En été, cette station balnéaire grouille d'enfants vociférants, comme eux seuls savent l'être; il suffit alors de nager cinq minutes pour s'éloigner et trouver refuge entre des rochers lisses et brûlants, sur lesquels on s'allonge en gardant la tête à l'ombre et les pieds dans l'eau. Tel est le plaisir d'aller à contresens; à Capri, même au mois d'août, il suffit de s'éloigner de quelques centaines de mètres des endroits les plus fréquentés pour jouir d'une solitude d'île de Pâques. A vrai dire, je ne comprends pas, et ne cherche pas à comprendre, les riches vacanciers qui disposent de puissants bateaux à moteur ou de somptueux voiliers et se retrouvent tous les jours à la même heure dans la même calanque – fort belle au demeurant, mais rendue nauséabonde par ces rassemblements: nappes de mazout, puanteur des moteurs, déchets que des passagers indélicats répandent alentour. Ces pseudo-salons sont à éviter: une conduite que ne dicte aucun snobisme, aucune affectation, mais le bon sens; sur une île qui est l'une des plus belles du monde, n'est-il pas déplacé de recréer les rituels mondains que l'on prétend fuir?

Capri est si riche de lieux à découvrir, de sites écartés et secrets, qu'en dresser la liste serait insensé; au reste, tous les dépliants touristiques les signalent. Pour autant, je doute que l'un d'entre eux mentionne le cimetière de Capri situé après le premier virage de la route conduisant à Marina Grande. De très hauts cyprès en marquent le périmètre; à l'intérieur, deux terrasses sillonnées de petites allées accueillent leurs hôtes dans un silence religieux. Certains d'entre eux sont célèbres, tels Jacques Fersen, Compton Mackenzie ou Norman Douglas, génial écrivain écossais, bizarre, pauvre et épicurien, qui passa près de la moitié de son existence à Capri où, après la Première Guerre mondiale, il écrivit ses œuvres les plus célèbres. Le cimetière non catholique où sont ensevelis des étrangers porte témoignage du goût et de la culture des fils de nombreux pays qui décidèrent de s'établir dans l'île. Des Allemands, des Suisses et des Russes, des Suédois et des Américains, des Français et des Polonais, des Autrichiens et des Anglais, autant de *globe-trotters* qui calmèrent leurs angoisses, donnèrent ici libre cours à leurs passions, et s'y plurent tant qu'ils y demeurèrent pour l'éternité. Ce cimetière m'est cher; je ne m'y rends jamais sans avoir une pensée émue pour Frau von Moor, une pédiatre viennoise qui me soigna nouveau-né, alors que la guerre sévissait et que la pénicilline était inconnue. Elle était arrivée en Italie escortée d'un prince russe – un vrai, pas un prince d'opérette – qu'elle avait ensuite quitté pour un rude marin. Le prince ne supporta pas cet

Vestiges d'un mur en opus reticulatum du nymphée du palazzo a Mare, aujourd'hui connu sous le nom de bains de Tibère.

Resti delle strutture murarie in opus reticulatum nel ninfeo del Palazzo a Mare, oggi corrispondente ai Bagni di Tiberio.

Remains of the wall structure in opus reticulatum in the nymphaeum of the Palazzo a Mare, now known as Bagni di Tiberio.

Texte français

abandon et se brûla la cervelle. Je me la rappelle âgée et claudicante, qui aimait à déguster des *granite* au café dans un petit bar d'Anacapri en compagnie de son ami Graham Greene, qui fut l'éditeur de son autobiographie posthume. Hôte régulier de l'île, le célèbre écrivain se claquemurait au Rosario, sa maison de Caprile, construite, comme tant d'autres ici, par Edwin Cerio. Muni de son sac à provisions, il sortait tôt le matin pour faire le tour du petit marché d'Anacapri. Lui, *Notre agent à La Havane*, était coiffé d'un panama dont le large bord masquait son regard bleu et froid. Jamais je ne l'ai entendu prononcer un seul mot d'italien, langue dont il avait probablement une très bonne connaissance. Peu loquace, il acceptait néanmoins de s'entretenir avec vous quand il se rendait compte que vous l'aviez reconnu. Un Anglais d'une autre époque, doté de la morgue de qui est né sujet de l'Empire britannique.
En évoquant sa mémoire, je me remémore l'île de jadis: Edwin Cerio en était le maire, Sartre et Simone de Beauvoir s'attardaient à une terrasse de café de la Piazzetta. Romolo Valli se promenait vêtu de lin blanc et Frank Coppola d'un costume gris, comme à Chicago. Sans avoir l'âge de Mathusalem, j'ai vu ces personnages séjourner dans l'île – dont la fascination tient aussi à un certain climat culturel et à l'atmosphère mondaine créée par la présence de divas et de milliardaires, assez semblables à Picsou. Ajoutons pour la petite histoire que seuls Onassis et la Callas furent autorisés à traverser la Piazzetta en auto pour se rendre à l'hôtel Quisisana.
Capri n'est pas seulement un lieu marqué par l'Histoire avec ses villas impériales et son gothique cistercien, sa magnifique architecture du XVIIe siècle, le modernisme prudent de la villa Fersen et le fonctionnalisme sec de la villa Malaparte. Elle n'est pas seulement un site naturel: grottes abritant des rites magiques, relief dolomitique aux parois abruptes, arôme de lentisque et parfum entêtant de genêt. Capri est terre de mémoire: elle porte au plus profond d'elle-même le souvenir de ceux qui l'ont foulée. Elle possède une âme qui ne vibre plus comme jadis, certes, mais qui ne s'est pas perdue. Il n'est de foule, aussi turbulente soit-elle, qui puisse réduire son aura à néant; il n'est d'outrage architectural – il n'en manque pas – qui puisse la priver de sa mémoire. Celle-ci appartient à l'île et à ceux qui se sont donnés à elle. Personne ne saurait voler leurs souvenirs, leur mémoire, les images qui sont gravées en eux.

Le paysage et l'architecture

Capri doit sa célébrité à sa mer d'azur, à ses rochers escarpés et à la végétation luxuriante qui ne contribue que depuis peu à la beauté de ses paysages. Les nombreuses photographies de l'île, prises à la fin du XIXe siècle et au début du suivant, montrent qu'à cette époque Capri était nue et pierreuse, même là où il est difficile d'imaginer l'absence de végétation, dans les vergers et les jardins d'agrément en particulier. Implantés sur tout le pourtour méditerranéen, s'adaptant aux terres les plus arides, les plus caillouteuses, l'olivier et la vigne sont toutefois présents dans l'île depuis toujours. Quant au châtaignier, au hêtre et au chêne, ils se dressent surtout sur les pentes boisées d'Anacapri. Les photographies anciennes montrent que les paysages agraires étaient alors moins variés et plus arides qu'aujourd'hui. En examinant les documents d'archives – le Centre Edwin-Cerio possède (possédait?) un ensemble extraordinaire de plaques photographiques – qui témoignent de l'existence d'un maquis, l'observateur constate que celui-ci était interrompu çà et là par des plantations d'agrumes et des jardins potagers où les habitants de l'île cultivaient le millet, la fève, le haricot, le pois chiche, la lentille et autres légumineuses dont ils se nourrissaient. Dès l'époque des Angevins, l'île importait du blé, car ses terres caillouteuses et escarpées en interdisaient la culture. Cette évocation rapide de l'agriculture de l'île, de ses vergers nombreux, séparés par des murets de pierres sèches délimitant des propriétés minuscules aux sentiers abrupts qui relient plusieurs terrasses, laisse à penser qu'au début de notre siècle Capri ressemblait à certaines régions de Grèce ou de Sardaigne; des régions qui, aujourd'hui encore, offrent un paysage archaïque parsemé de bois et de prés rares. Les photographies de Marina Piccola, de la zone située au-dessus de la tour Saracena – la tour sarrasine – en particulier, montrent un dégradé abrupt de parcelles étroites et pierreuses, sans un arbre, sans un brin d'herbe. L'état du vaste plateau qui conduit à la villa Jovis est encore plus étonnant: on y distingue des oliviers, quelques pieds de vigne, de maigres plantations d'agrumes et, çà et là, un verger arraché à de vastes étendues de broussailles. Le mont San Michele, qui porte aujourd'hui la végétation la plus dense et la plus belle de l'île, était entièrement nu. Cette absence de végétation, ou sa rareté, était le fait de sources difficilement accessibles; d'où la nécessité d'aménager de vastes citernes – sur lesquelles sont branchées des conduites horizontales ou verticales – qui constituaient un équipement indispensable à toute maison. Depuis l'Antiquité, depuis plus longtemps peut-être, les citernes ont déterminé le style des constructions, avec leurs voûtes caractéristiques permettant de récupérer l'eau de pluie. En partie effondrées aujourd'hui, celles de la villa Jovis étaient célèbres, qui amenaient le précieux liquide dans un vaste réseau de citernes au-dessus duquel s'élevait la forteresse de Tibère. Remarquable par ses dimensions et par la solennité de son architecture, ce monument impérial, élevé sous le règne d'Auguste, était organisé selon les mêmes principes que la plus modeste des maisons paysannes. Ce système de voûtes s'est perpétué au fil des siècles, dans une sorte d'indifférence à l'évolution du langage architectural. Récemment, Gaetana Cantone et Italo Prozzillo ont montré que la couverture de la chartreuse de San Giacomo, fondée au XIVe siècle, constitue un florilège des formes et des solutions techniques qui ont influencé l'architecture des maisons capriotes, de la plus modeste à la plus somptueuse, à la plus prétentieuse. Ces différents éléments architecturaux, tantôt contigus, tantôt séparés par des ruelles escarpées, forment un tissu dont les mailles se sont resserrées au fil des siècles; ils composent un ensemble regroupé autour d'un palais, d'une église, d'une chapelle, d'un couvent, de tout édifice jouant le rôle de noyau de l'expansion urbaine, de moteur de l'économie pauvre de l'île. A partir du Moyen Age, quelques familles – les Arcucci, les Farace au XIVe siècle –, les ordres monastiques et le clergé séculier ont constitué la classe dominante d'une société essentiellement agraire. Celle-ci disposait d'une place du marché entourée d'entrepôts pour le stockage et la vente de denrées, de rez-de-chaussée réservés à l'exercice d'activités artisanales, de fours à pain, de pressoirs à olives et de tonneaux et de fûts pour le vin. Sans doute la communauté établie près de la côte était-elle plus dynamique, qui tirait sa subsistance de la pêche, de la construction de bateaux et du commerce avec les villes du golfe. Pour autant, elle ne déploya pas son activité hors de Capri; elle vivait regroupée autour de la belle église San Costanzo construite dans le style byzantin sur le plateau surplombant Marina Grande; quant à la population de la "campagne" d'Anacapri, elle demeura prisonnière de sa condition paysanne jusqu'au début du XXe siècle.
On imagine à grand-peine l'aspect qu'avait jadis la Piazzetta de Capri aujourd'hui encombrée de tables de café et traversée de foules de touristes bigarrées. Espace dépouillé, elle était une place de marché sur laquelle donnait le palais de l'évêché – incorporé dans la mairie actuelle –, flanqué d'un clocher de style roman adossé, semble-t-il, à l'une des portes de la ville percée dans un mur d'enceinte fort ancien et plusieurs fois reconstruit. Une portion de muraille grecque a miraculeusement survécu, que l'on peut admirer dans un jardin situé au pied de l'escalier qui monte de la place vers Marina Grande.
De l'autre côté de la place s'élève la cathédrale Santo Stefano construite au XVIIe siècle, dont la façade principale ne donne pas sur la place, mais sur le palazzo Arcucci (aujourd'hui palazzo Cerio) qui lui est contigu. Ceci laisse à penser qu'à cette époque l'actuelle Piazzetta n'était pas encore une entité urbaine bien définie, mais un espace inachevé destiné à accueillir les étals les jours de foire ou de marché. Quoique de dimensions restreintes, la place proprement dite était sise entre le parvis de Santo Stefano, le palazzo Arcucci et le palazzo Farace; de là partait la via Madre Serafina di Dio, dont le premier tronçon est aujourd'hui occupé par le restaurant Gemma; d'après Roberto Berardi, cette rue aurait d'abord été un chemin situé à l'extérieur de l'enceinte. Au fil des siècles, divers édifices furent construits le long de cette voie, dont le rez-de-

chaussée abritait des boutiques ou des entrepôts. D'autres rues partent de l'espace situé en contrebas, qui n'est autre que la Piazzetta actuelle: les étroites via delle Botteghe et via Longano, la via Sopramonte et d'autres encore qui dessinent un réseau dense où se croisent rues transversales et rues obliques – un réseau médiéval, préservé en grande partie, qui marque profondément de son empreinte la morphologie de ce quartier. Excentrée, située dans l'un des rares secteurs plats, et protégée du mistral par le mont Solaro, s'élevait la puissante chartreuse de San Giacomo qui demeure l'un des plus vastes monuments de l'île. Elle fut édifiée vers 1366 à la suite d'un vœu fait par le comte Giacomo Arcucci, amiral et conseiller de la reine Jeanne d'Anjou qui prit part à cette entreprise. Son architecture est conforme aux règles de l'ordre monastique dont elle relève; elle est entourée d'un *spatiamentum*, vaste espace qui préservait l'isolement de l'ermitage, garanti en outre par l'enceinte qui entourait la ville de Capri. La structure des lieux, en tout point semblable à celle de la chartreuse de San Martino à Naples, contemporaine dans sa construction, reflète bien la sévérité des préceptes typologiques édictés par l'ordre. S'élevant au bout de la voie d'accès, le premier ensemble de bâtiments se compose de deux édifices: la maison de garde, transformée en pharmacie, et la petite "chapelle des dames" située hors de la clôture. Une allée conduit ensuite à l'église – son tympan et son abside portent des traces de fresques du XIVᵉ siècle –, que flanque une tour de plan rectangulaire. La porte d'entrée de cette dernière marque l'accès à la zone conventuelle dont l'aménagement obéit, conformément aux règles de l'ordre, à une séparation stricte des espaces selon leur fonction. Un petit cloître se dresse entre l'église et le réfectoire; une galerie couverte mène aux cellules et aux réserves, auxquelles font suite le logement et le jardin du prieur. Construit au XVIIᵉ siècle, le grand cloître clôt de manière monumentale cet ensemble architectural doté d'une unité remarquable, bien que sa construction se soit étalée sur plus de trois siècles. Une unité à laquelle la couverture de la chartreuse n'est pas étrangère, qui est constituée de voûtes extradossées recouvertes de *lapilli*. Caractéristiques des constructions de la côte amalfitaine, ces voûtes se rattachent à une tradition architecturale gréco-byzantine; une tradition que l'on retrouve dans l'église San Costanzo de Marina Grande, l'un des fleurons architectoniques de l'île, dont la construction remonte au Xᵉ siècle. Elle présente un plan en croix grecque marqué à l'intérieur par de petits arcs surhaussés et élancés, et à l'extérieur par l'extrados de la coupole conique et par celui des quatre voûtes en berceau qui couvrent les bras de la croix. Elle présente encore, sur sa façade sud, un grand presbytérium carré élevé vers 1330 par le comte Giacomo Arcucci, dont l'édification modifia l'orientation de l'église; il est recouvert par une voûte extradossée à croisée d'ogives qui constitue la première manifestation de l'art gothique dans l'île. Jadis, le village d'Aiano, dont San Costanzo était la diaconie, se blottissait autour de son église; peu à peu, ses habitants l'abandonnèrent pour s'établir sur l'éminence où Capri se construisait. A la fin du XVIᵉ siècle, le siège de l'évêché fut transféré dans l'église Santo Stefano où le style baroque de la façade et de la coupole se conjugue heureusement avec l'articulation originelle des arcs et des voûtes en berceau des chapelles latérales. L'alliance réussie de styles hétérogènes confère un caractère particulier et unique à l'architecture capriote. Cette constatation me renforce dans ma conviction que les régions marginales – les îles en sont – donnent souvent naissance à un langage original, naïf et populaire, qui a la saveur d'un dialecte. Ainsi de l'église Sant'Anna, véritable chef-d'œuvre précédé d'un parvis avec trois colonnes qui soutenaient autrefois une pergola. Le plan de l'église, qui remonte à l'époque byzantine, fut remanié au XIVᵉ et au XVIIᵉ siècle. Rectangulaire, l'espace interne se divise en trois nefs dont chacune se termine par une abside extradossée, implantation typique de nombreux édifices de style byzantin. Les matériaux de récupération d'époque romaine, les fresques du XIVᵉ siècle peintes dans l'absidiole droite, le corps à corps entre les murs extérieurs et les façades des édifices adjacents, la façade du XVIIᵉ siècle naïvement baroquisante, tels sont les éléments de ce dialogue entre les époques, un dialogue qui resserre le cours de l'Histoire et rapproche les périodes stylistiques. Tout se mêle et se condense en un seul petit édifice. Les rares témoignages dont nous disposons sur certaines manifestations significatives de l'architecture capriote révèlent la richesse d'une tradition apparue à l'époque romaine, qui perdura avec une continuité admirable jusqu'au XXᵉ siècle. Pour illustrer l'architecture de notre époque, je me contenterai d'évoquer la villa Malaparte située à la punta Massullo. On peut l'apercevoir de la mer, d'une zone pleine d'écueils proche des Faraglioni, ou en parcourant l'extraordinaire sentier de Pizzolungo qui, à partir du belvédère de l'Arco Naturale, traverse des aires boisées et offre des panoramas d'une beauté surprenante. Construit pour l'écrivain toscan à la fin des années trente, cet édifice est tenu pour une œuvre d'Adalberto Libera, qui signa le projet initial, fort différent de la villa achevée; un projet que Malaparte trouva peu à son goût et qu'il remania, dit-on. Qu'importe l'identité de l'inspirateur de certaines modifications décisives, puisque le prisme enchâssé dans la roche et ouvert sur la mer a été dessiné de main de maître. L'escalier trapézoïdal qui mène au solarium est au nombre des gestes les plus hardis de l'architecture rationaliste.

Air, terre, feu
En 1993, à la fin du mois d'août, Capri fut à nouveau la proie des flammes. Je n'ai pas oublié le grand incendie de 1967, ni tous ceux qui lui ont succédé avec une effrayante régularité dans les années soixante-dix et quatre-vingt. Néanmoins, aucun ne possédait la violence de celui qui s'empara de l'île en août 1993. Au milieu du mois déjà, un matin vers sept heures, au-dessus des plateaux étagés et verdoyants du versant d'Anacapri qui descend en direction de la cala Ventroso, le ciel était empli d'une étrange fumée grise. Plus tard, des langues de feu apparurent, qu'un vent chaud et sec propagea dans la vallée. Rapidement maîtrisé, ce foyer annonçait un désastre beaucoup plus grave. Au cours de la dernière semaine d'août, la tramontane se mit à souffler avec violence, et le manteau vert des pins maritimes qui habillent le versant du mont Solaro donnant sur Anacapri commença à rougeoyer. A cinq heures de l'après-midi, un incendie se déclara le long de la ligne du télésiège, véritable

Fragment d'un bas-relief placé dans l'une des loggias de la villa San Michele.

Frammento archeologico di un bassorilievo in una delle logge di Villa San Michele.

Fragment of a bas-relief in one of the loggias of the Villa San Michele.

Texte français

serpent incandescent que le vent avivait et poussait à travers les pentes raides et boisées du mont Solaro, qui avaient été reboisées au lendemain de l'incendie de 1981. Un reboisement pour lequel les autorités avaient choisi le pin maritime, une essence à croissance rapide – la hâte n'est jamais bonne conseillère – que sa qualité de résineux ne désigne pas pour résister au feu. D'autres espèces auraient été plus appropriées: le châtaignier, le chêne vert ou le chêne-liège, qui offrent une meilleure résistance aux incendies et sont plus aptes à stabiliser le sol. Les familiers de Capri savent dans quel état d'abandon regrettable se trouve son sous-bois. Quelques mois de sécheresse le muent en paille qu'un mégot de cigarette ou un feu allumé imprudemment pour brûler des broussailles suffisent à embraser. Ces drames de fin d'été, qui dévastent régulièrement Capri depuis une trentaine d'années, sont le fait de l'inconscience et de la négligence plutôt que d'intérêts particuliers myopes et criminels. En effet, Capri n'est pas la Sardaigne, où les incendies sont devenus un moyen de subsistance pour certains bergers et une affaire lucrative pour certains propriétaires fonciers peu scrupuleux. L'île de Tibère, quant à elle, dispose d'autres ressources dont elle vit fort bien.

Au coucher du soleil, la vague de feu avait gagné les replis du mont Solaro; le spectacle offert en cette nuit, dont la limpidité était accrue par le mistral qui balayait l'île, est de ceux qui ne s'oublient pas. Du haut de la colline où se dresse la villa Jovis ou bien des Deux Golfes, la crête du Solaro semblait ceinte d'une couronne de feu découpée et mobile qui s'élançait en hautes langues rougeoyantes sur une ligne allant de la grotta delle Felci au Passetiello. C'est alors que se sont imposées à mon esprit les très nombreuses vues du mont Nuovo, surgi en une seule nuit au milieu du XVIe siècle dans les Champs Phlégréens; ou celles du Vésuve en éruption – thème favori de la peinture napolitaine –, qui, entre le XVIIe et le XVIIIe siècle, furent moins le fruit d'une poétique exaltée du pittoresque qu'une illustration de la réalité, comme en témoignent les toiles magnifiques de Bonavia ou de Vervloet, de Wright of Derby ou de Pietro Fabris. Cette nuit-là, le Solaro était un Vésuve en éruption; le feu ne s'en échappait pas par deux ou trois cratères, mais par son sommet tout entier. Pour le dire à la manière de Néron, le spectacle était fort suggestif dans sa violence. Une violence qui fit de nombreuses victimes et causa des dommages irréparables à l'île. Après avoir conquis la cime du Solaro, le feu gagna du terrain en direction de la grotta delle Felci, à travers une zone densément peuplée, site de la Capri préhistorique, avant de se faufiler dans des gorges profondes et inaccessibles. Le dos de la montagne était zébré de lignes de feu qui s'infiltraient dans le maquis avant de resurgir, hautes lames incandescentes dans le bleu cobalt de la nuit. L'incendie fit rage trois jours et trois nuits. Dans le même temps, Ischia, Sorrente, le mont Faito, le Vésuve et certains sites du Pausilipe à Naples étaient, eux aussi, la proie des flammes. Le golfe bleu et calme était devenu le théâtre d'un spectacle cruel. *Mater Tellus*, chante Lucrèce dans le *De natura rerum*. Là, dans le golfe des Sirènes où plane la présence de mythes homériques et virgiliens, tout semblait être retourné à l'état originel quand la terre, l'eau et le feu ne faisaient qu'un. Le bourdonnement des grands insectes mécaniques qui sillonnaient le ciel nous ramenait à notre époque. De l'aube au couchant, avec un courage et un sens du devoir admirables, des hélicoptères de toutes tailles et des Canadairs survolèrent le plateau en flammes, effleurant le Solaro, s'introduisaient dans les gorges pour traquer le feu qui brûlait dans des recoins inaccessibles. Le vrombissement des avions qui descendaient en piqué et le ronflement insistant des hélicoptères créaient un climat d'angoisse que la conscience de la mission salvatrice des appareils ne dissipait aucunement. Face à la progression du feu, chacun se sentait à la merci d'une violence obscure et irrépressible, que le vent animait avec une force imprévisible et une vélocité insoupçonnée.

La revanche

Chaque année au printemps, j'emprunte le chemin dit des chasseurs qui du point culminant du Solaro descend au belvédère de Migliara en longeant la crête du mont. Il s'agit d'une promenade facile qui s'effectue en deux heures et offre un panorama magnifique sur les Faraglioni d'un côté et sur la punta del Faro de l'autre. Un panorama d'une beauté vertigineuse, qui apparaît soudainement à la sortie d'un bois et qui réserve une échappée vers Anacapri. Au printemps qui succéda à l'incendie, j'ai donc repris ce sentier: tout y était noir, calciné; les arbres étaient des squelettes sombres et douloureux; les chemins où un épais maquis de myrthe, de romarin, de gentiane et de genêt, de cystes et autres espèces méditerranéennes avait entravé la progression du promeneur n'étaient plus que successions de pierres noircies.

De l'autre côté, là où se trouve la vallée de Cetrella, véritable paradis naturel préservé, le paysage était lunaire. Les versants nord et sud qui enserrent cette conque et la muent en amphithéâtre étaient totalement calcinés: aucune végétation sur ses gradins recouverts d'un manteau de cendres blanches semblables à de la neige. Fort heureusement, l'oasis de Cetrella était restée intacte; le spectacle qu'elle offrait était celui d'un cratère lunaire dont le centre était occupé par une couronne verte miraculeusement épargnée. En descendant par le Passetiello que le feu avait ravagé sur une grande distance, d'énormes blocs avaient provoqué l'éboulement du sentier et auraient pu entraîner celui de la montagne surplombant la route départementale qui relie Anacapri à Capri. Pendant des semaines entières, le feu avait couvé sous la cendre; par endroits, celle-ci était si épaisse que l'on s'y enfonçait jusqu'aux genoux.

La pluie avait exercé une action purificatrice, mais il était à craindre qu'elle eût également délavé et raviné des terres privées de la protection de leurs arbres et de leur maquis.

En poursuivant ma promenade, je découvriis des rameaux verts où pointaient de jeunes bourgeons: l'espoir renaissait, la vie continuait.

Pour prévenir le risque d'incendie, il faut entretenir le sous-bois, élever des barrières coupe-feu, construire des citernes et aménager des canalisations. La reforestation doit s'effectuer avec des essences résistantes au feu. L'empereur Tibère avait parsemé l'île de gigantesques citernes destinées à l'approvisionner en eau; l'architecture de Capri et d'Anacapri a été modelée par la topographie de ces réservoirs et des sources naturelles. Aujourd'hui où tout devrait être plus facile, plus simple, il n'en est rien.

Unique au monde, la beauté de Capri ne mérite-t-elle pas les soins les plus attentifs?

Au-delà des lieux communs

Je m'aperçois que j'ai passé sous silence nombre de sites réputés de l'île: je n'ai rien dit de Tragara et des Faraglioni, je n'ai pas consacré une seule ligne à la centaine d'édifices fort intéressants éparpillés à travers l'île. Luigi aux Faraglioni, la Canzone del Mare, le rocher des Sirènes à Marina Piccola, les bains de Tibère à Marina Grande, le phare et Gradola à Anacapri comptent parmi les sites les plus remarquables. Toutefois, les évoquer ici reviendrait à trahir l'esprit de ces pages, qui n'entendent pas être un guide de l'île, mais une invitation à sortir des sentiers rebattus. Bien entendu, chacun de mes choix est dicté par mes goûts personnels; mais l'unique façon de jeter un regard neuf sur l'île n'est-elle pas nécessairement personnelle? Le visiteur qui entre à Saint-Pierre est irrésistiblement attiré par le baldaquin du Bernin, une œuvre dont la contemplation ne lui permet pas de comprendre ce temple de la chrétienté qu'est la basilique. Pour satisfaire la curiosité qui nous conduit à arpenter palais et musées, à explorer îles et paysages, une pincée d'anticonformisme s'impose. Tel est l'esprit dans lequel j'ai rédigé ces pages; peut-être le lecteur les jugera-t-il étranges, peu conformes aux normes de l'érudition. Certes. Mais la littérature consacrée à Capri est si abondante que les esprits curieux n'auront aucune peine à approfondir leurs connaissances en matière d'archéologie et de botanique, d'histoire et d'histoire de l'art. L'important est d'aller au-delà de ces disciplines et de leurs barrières. On ne saurait comprendre Capri, miracle de l'Histoire et de la nature, qu'en l'abordant à contresens, en combattant les clichés dont elle est victime avec toute la fantaisie dont on est capable.

Cesare de Seta

CARTA
DEL LITTORALE DI NAPOLI
e de'luoghi antichi più rimarchevoli
di quei Contorni
DELINEATA PER ORDINE DEL RE
da Gio. Ant. Rizzi-Zannoni
Geografo di S.M.
MDCCXCIIII

GOLFO DI NAPOLI

ISOLA D'ISCHIA
I. DI PROCIDA
I. DI CAPRI

English text

Giuseppe Guerra, 1794
Map of the coastline of Naples and of its most ancient and important places.

"Carta del Littorale di Napoli e dei luoghi antichi più rimarchevoli di quei Contorni".

Carte du littoral napolitain et des lieux remarquables de cette région.

Napoli, Fondazione Adelaide e Maria Antonietta Pagliara, Istituto Universitario Suor Orsola Benincasa.

The Land where Goats graze

The first reliable reference to Capri dates from the end of the first century B.C., from the time of Strabo, who wrote: "Originally there were two small towns on *Capreae*, later reduced to one. The island was then conquered by the Neapolitans." There are two main schools of thought as to the origin of the name: the land where goats graze, if we accept a Latin derivation; or the place of the wild boar, if we go back to the older Greek *(kapros)*. But Capri had prehistoric settlements long before the Greek geographer and historian made reference to it, as the Romans discovered from the time of Augustus at least. While work was under way on the great buildings of the imperial age, the giant bones of prehistoric animals came to light, together with various early utensils and weapons, and, later, painted ceramics. Suetonius tells of these finds in his *Life of Augustus*: he describes the respect the emperor showed for them, arranging them in one of his villas – making it the first ever recorded museum of paleontology and paleo-ethnology. Further proof of this story was found at the beginning of this century with the discovery of other remains, many millennia old, on many parts of the island: beneath the Hotel Quisisana, at the Grotta delle Felci, which nestles in the lap of Monte Solaro above the Marina Piccola, and elsewhere. The naturalist Ignazio Cerio put together these and other finds, and was the first to study them. Between the seventh and sixth centuries B.C. Capri became part of the colonies of Magna Graecia, whose main centre was at Cumae. The historical – and geographical – split between Capri and Anacapri (the *upper town*, according to Greek etymology) occurred around that time. The two settlements at the Marina Grande and below Monte Solaro were then brought together administratively during the Roman period; but their destinies diverged definitively with the waning of the *pax romana*. The island was discovered by Caesar Octavian before he was granted the title of Augustus, and became the permanent residence of Tiberius in the last ten years of his reign, from 27 to 37 A.D. Tacitus and Suetonius give dramatic accounts of the events of his reign and paint a portrait of an emperor whose cruelty and dissoluteness are all too grimly apparent; although, as often happens in historiography, Tiberius is currently experiencing something of a posthumous rehabilitation, and many of the stories concerning his dissolute life have proved to be biased legends. Yet they too are part of the myth of the island. Irrespective of the rights and wrongs of this critical re-evaluation, the fact remains that in Tiberius' time Villa Jovis – the imperial residence which stood like an Acropolis on the natural height of Santa Maria del Soccorso, rising steeply above the Marina Grande and overlooking Punta Campanella – occupied a position comparable to the palace of the Caesars on the Palatine in Rome.

Discovering the Island

A town, an island, a plain or a mountain have a right side and a wrong side, just like an item of clothing or a cat's fur, which can be stroked in one direction only. An island as famous as Capri also has its right side, but any visit to it should ideally be done against the grain, so to speak. The island will not bristle, or arch its back and hiss like a cat; in fact, it will willingly yield up highly satisfying images which would otherwise remain unseen. Every nook and cranny of Capri has been written about, painted and photographed to the point of exhaustion; the only possible approach is to go against the tide, and this is what I shall try to do, deploying such familiarity as I have with the island in the process.
Capri is a tiny place with a worldwide reputation; the only way to get to know it is to revert to the use of the oldest means of locomotion known to man, namely Shanks' pony on land, and a boat by sea. Even the most daunting walks can be done without undue exertion, in an hour, an hour and a half, at a leisurely pace, by anyone who has not lost the taste for walking. As in a treasure hunt, the visitor can start from any point, no route being preferable to any other. Even if we allow ourselves the luxury of walking at random, we shall never feel let down. Final goals and stages are not necessarily important: it is the sense of wandering that is paramount. There are three built up areas on Capri: the Marina Grande, where the steamer lands – preferable to the hydrofoil, which catapults the visitor into the arms of the harbour with unseemly haste; Capri – still known as "the town", at least among the older peasants – situated half-way along the coast between Monte San Michele, Monte Tuoro and the high ground of the Castiglione; Anacapri, "the countryside", protected by the majestic face of Monte Solaro, a dolomitic mountain, at over 500 metres above sea level, that acts as a very real morphological and strategic bulwark, since it has marked the separation – legal, economic and social – between the two ancient municipalities over the centuries. Trade, and later tourism, have always flourished in the town of Capri; Anacapri, on the other hand, with its fields and vineyards covering the gentle plain lying beneath the other flank of Monte Solaro, and sloping down as far as the old village of Caprile, has always been noted for its agricultural produce.
Where should we start? Seeing that we are on the high point of the island, we could start from the square with monument at Anacapri, where the coaches arrive, spewing out tourists from Japan, Angola, America, Switzerland... We cannot avoid getting caught up in the moils and toils of their embrace: but the guide's trusty umbrella soon siphons them off to Villa San Michele, the obligatory mecca of mass tourism. I have nothing against them, but a hundred metres cheek by jowl with one of the endless hordes, which follow one another incessantly, is quite enough. They carry on along the little road leading to the famous villa which once belonged to Axel Munthe, the Swedish doctor and writer who made the island his home from the 1880s on. It has a collection of archaeological finds, mainly from the imperial age, discovered by Munthe himself during the course of his campaigns for the excavation of the island, impromptu at first, then increasingly systematic.
Passing a neoclassical villa, with its clean-cut, wedding-cake pediment and columns standing at the top of a steep, wide stairway, we follow the sharply rising path. After ten minutes walk, no more, we find ourselves alone, even in high summer: the path rises in a series of gentle bends, cut into the side of the hill, between tall pines and plane trees, oaks and acacias. The view opens up over the town, and extends as far as the

English text

Pagliaro (straw stack) – a name which reveals ancient agricultural usage – down to the ruins of Villa Damecuta (dating from the Augustan period), then right down to the Blue Grotto. From here we can see the stony plateau of Mesola (derived from the Greek, meaning "that which stands in the middle"), recognizable by the walls of a small fort sheer above the sea. Mesola can be reached through a steep flight of steps starting from the Piazzetta di Caprile at Anacapri: alternatively there is a spectacular path at the end of the road leading to the Blue Grotto, which, between huge trees and a maze of caves, mosses and plants, leads to the rocky plateau dropping steeply down to the sea, scented with wild flowers in springtime, yellow with broom at the beginning of summer and scorched by merciless sunlight in August.

The colours alter with the seasons: fields awash with red poppies and splashed with white and yellow dog daisies in April; a cloak of yellowed foliage in autumn, torn by the wind from the wood on the side of La Migliara; rain-sodden moss in winter, softer than the softest carpet. The naturalist and writer Edwin Cerio has devoted exquisite pages to these characteristic features of the flora of Capri. Parched by the summer heat, the shrubs make for a stubbly landscape; but we can always take another route, using the chairlift if we are feeling lazy, and take shelter in the wood or the shade of the little church of Santa Maria a Cetrella, clinging like a limpet to the rocky flanks of Monte Solaro, dizzyingly set above the Marina Piccola. Maintained in their free time by public-spirited youngsters, this lonely complex is a modest anthology of the island's successive cultures. The name Cetrella derives from cedrina (sweet-scented verbena), one of the many aromatic herbs which grow in this small valley: here, at the end of the fifteenth century, there was a hermitage for Dominican friars, and indeed signs of its late-Gothic origins are still visible. The tiny cells in which the friars prayed and slept, the entrance porch created from the depth of an ogee arch, the spire and the rounded vaulting are characteristic of medieval architecture. But in the seventeenth century the hermitage and church were restructured, and the resulting seamless amalgam of styles is typical of the island's two happiest moments after the great blossoming of the classical period, namely, the long drawn-out Middle Ages and the Baroque. We do not need to go into the Certosa di San Giacomo, with its two cloisters, church, refectory and tall bell-tower, topped by a fleshy Baroque finial; not because it is unworthy of a visit, but because so few people pay any attention to the diminutive church of Santa Maria a Cetrella: holding itself aloof from the prying cameras of tourists, it offers a similar, age-old palimpsest of styles. This valley, enfolded between Monte Solaro and Monte Cappello, with its protective wood and sense of an earlier existence utterly seductive in its sober poverty, has been singled out by certain lumpen spirits as the perfect spot for a golf course: an insolent scheme, which would reduce this natural haven – a veritable oasis in an overcrowded island – to an exclusive sanctum for well-heeled tourists. I have the greatest respect for well-heeled tourists as I do for the Japanese, but it is far from clear why there should be any need to unsettle an area which has been left miraculously untouched, and which deserves to remain so. There are protected areas even on the boundless continent of Africa, and it would indeed be tragic if this small rock in the middle of the Mediterranean held no room for mere free space, with no other purpose than to cast forth its own heart-stopping solitary spell.

From this valley, the visitor can climb up to Monte Solaro and its Belvedere, with a 360 degrees view of the bay: on a clear day the Isola dei Galli, off Positano, can be seen, together with the purple mountains which protect the coast of the Cilento. Capri lies beneath us, with the *faraglioni*, the island's characteristic fingers of rock, mounting guard over the deeply indented stretch of coast leading to the natural curve of the Marina Piccola. The Certosa di San Giacomo stands foursquare with its huge cloister, a well-provisioned citadel, which turned its face away from the island for centuries, and then became a familiar place of asylum. Further on, above a plateau like a great pock-marked cork, stands Villa Jovis, dating back to imperial times, with its huge brick arches and beaten vaulting, designed to catch every drop of water which Jupiter, god of the changing weather, sees fit to send it. Capri has been thirsty for centuries, and its architecture is conditioned by this need for water, with beaten roofs of lapilli, both modest and commanding, which serve to collect every trickle of rainwater in large cisterns; these vaults and cisterns are the most distinctive feature of the local architecture. From the Belvedere we can go down to Anacapri, along the path of La Migliara, about which Alberto Savinio has written so beautifully; or we can hurtle down to the Marina Piccola, along a rough path beyond the so-called Passetiello which for centuries, before the opening of the carriage road, was the only crossing pass linking Capri and Anacapri: the "town" and the "countryside". As I am a conscientious guide, I would not recommend this route to anyone who suffers from vertigo, or who is not relatively fit: it is virtually impassible and crumbling away in some parts. In fact, it is now under restoration to recover its original loveliness: not a human voice to be heard, only a chorus of birdsong and the shrill cry of the seagulls as they swoop seawards in search of their prey. Abandoned footpaths are a sore point on Capri: too often they have become deformed as a result of subsidence, and overgrown with weeds and shrubs, maintained only by the sporadic efforts of volunteers from Lega Ambiente. Recently, however, also local authorities have sensed the problem: indeed, paths need no costly intervention, but only careful maintenance.

We are going against the grain by taking this route, and, whatever the season, can be sure of meeting only few fellow-walkers; such as we do meet will have embarked on our same pilgrimage, leading to the true heart of the island. The paths offers a view of the whole sweep of the gulf, and of Capri stretched out below. The rock sparkles in the sun, plunging down steeply to be licked by the sea foam. At sunset the light is warmer, the colours turn to shades of mother-of-pearl, the stretch of water has purplish reflections: going over the crest of the mountain, rimmed with pines, we turn our back on the hermitage of Cetrella and its valley, splashed with new green bushes. A light wind stirs the leaves of the ilexes, oaks and plane trees, creeps through the bushes of rosemary, lentisk and mint: the air is scented, but slight, more intense gusts laden with the smell of broom waft through a gorge, suddenly triumphant. At the end of this gentle ascent is a

His penchant for eclecticism led Axel Munthe to fill Villa San Michele with objects from different cultures and eras, such as this Egyptian sculpture, placed on a column dating from the classical era.

Il gusto per la contaminazione portò Axel Munthe a disseminare Villa San Michele di reperti di culture ed epoche diverse, come questa scultura egizia collocata su una colonna di spoglio.

Un goût certain pour le mélange des genres poussa Axel Munthe à parsemer la villa San Michele de pièces de cultures et d'époques différentes: cette sculpture égyptienne est placée sur une colonne d'époque classique.

English text

natural viewpoint facing towards Ischia and Procida, like a prow cleaving a blue abyss. There are two paths: the Passetiello – originally used by hunters – which winds sharply downwards to the Marina Piccola; and the Anginola, which snakes through the rock. This is the more inaccessible slope of Monte Solaro, and here we cannot afford to be distracted, but have to admire the view with circumspection: suddenly a deep, thickly wooded gorge opens up, where waning daylight hardly penetrates. The sun is already behind the mountain: the crackle of dry leaves under foot is the only sound. We glimpse a completely dark cave, which calls out to be explored; in fact, it should be resisted. Now follows a short stretch where we have to cling to an iron railing, then to a chain: child's play for rock-climbers, but we are seafaring folk. The height of the precipices causes a certain chattery excitement in some, while others have fallen silent. Wide-eyed, my daughter Ilaria casts somewhat alarmed glances in my direction: I struggle on, giving her a hand from time to time, feigning indifference to the abyss below me. It is evening by the time we reach Via Turina, leading to the Due Golfi: in front of us are the twinkling lights of Capri, below us, silhouetted, the motionless *faraglioni*, smiling like precious stones set in the languid blue of the sea.

The roads that lead to the Marina Piccola and to the Marina Grande start from opposite sides of the Due Golfi. There is also a small flight of steps – with an oven smelling of fresh bread and brioches – which follows the original path hollowed out of the rock of Monte Solaro, and known as the Scala Fenicia (dating from the Greek period, not from the Phoenician, as its name might lead us to believe). The stairway has been entirely restored and can be travelled along its whole length; evening lighting transforms it into a thunderbolt, crossing the Dolomitic backbone of Monte Solaro. We go down between high dry stone walls flanked by pergolas of vines, lemon- and orange-trees caged in by casings of dark nets, brightly-coloured vegetable gardens with callused tomatoes, purple egg-plants, green courgettes, and peach-, plum- and apricot-trees. Overshadowed by the craggy bulk of the mount, the ground dips gently down towards the coast. Turning our back to the sea we see Villa San Michele – faintly comical in its vaguely D'Annunzian pretentiousness – where the Scala Fenicia starts; a little lower, the little church of Sant'Antonio sits perched like a white dove, then the stairway plunges headlong down to Capri, interrupted here and there by the carriage road. Towards the end of the eighteenth century Philipp Hackert was commissioned to paint a gouache of this corner of the island by Ferdinand IV, who had a residence here (Palazzo Canale, now a ruin) which he used when he came quail-hunting.

Going down towards the sea, a view of Vesuvius opens up before us, rising above the teeming series of coastal villages. Then we cross a portico of wooden posts, wreathed in vines and twisted branches of wisteria, its dripping mauve and blue weave so dense and scented that we cannot resist pausing. There is nobody about here, only a very occasional peasant; the shade is cool and restful, the scent more intense than ever beneath this natural roof. It is not a place you want to leave, but there are other surprises ahead; beyond the level area of the sports ground we hear the sea below us, and a glimpse of brickwork, masonry structures in *opus reticulatum*. There are hibiscus trees in the gardens, with their glorious scarlet and yellow flowers, brazenly fleshy and sumptuous, but scentless, as though they had expended all their energies on perfecting their velvet petals. We are now in the area known as Palazzo a Mare: the remains of the old walls which once shored up the terraces are more in evidence here, running from the sports ground – which was a parade ground at the beginning of the nineteenth century, when the island was wrested from the English by the French forces under Joachim Murat – to the Bagni di Tiberio. This inlet was once the site of the ancient Roman harbour, and of an imperial residence where Augustus and Tiberius lived in summer, because it was cool and near the sea. The only *villa maritima* of the many scattered throughout the island, its layout was reconstructed (with difficulty) by Amedeo Maiuri, who made a measured drawing of it, following in the wake of other scholars who devoted themselves passionately to archaeological research into the buildings of the Augustan and Tiberian age at the end of the eighteenth and beginning of the nineteenth century. Anyone with an interest in such specialist matters can turn to Maiuri's wonderful guide, but even less exalted mortals will fall under the spell of these majestic ruins rising from the sea. Where was the *ephebeum* where, according to Suetonius, Augustus attended the local games? Where was the *xystus*, the garden of the imperial villa? Where was the *ambulatio* where the wretched Tiberius would stroll, seeking escape from the hurly-burly of Rome? More clearly visible on the seashore are the remains of a large nymphaeum, now used as a shelter for beached boats. Here the sea is a translucent emerald green: miniature lagoons of lukewarm water form, enclasping the bather like a womb, moist with seaweed and moss, their filaments soft as silk. Above the water, on piles, is a simple restaurant, modestly priced, serving roast egg-plant and spicy pickled anchovies, and a sharp, sulphurous wine, the real wine of Capri, pale, cloudy and not very alcoholic. The path is there to be climbed, but few are tempted: not everyone has the strength of will to stop at the pickled anchovies, and in general are happier to take a convenient boat back to the harbour of the Marina Grande. In summer the bathing beach teems with vociferous children, but quieter souls need swim for less than five minute to find a haven among great smooth stones, and stretch out, head in the shade and feet in the water. The joy of going against the grain is simply this: in Capri, even in August, all you have to do is move some hundred metres from the crowded bottlenecks to sample a solitude which rivals that of Easter Island. Frankly, I do not begin to understand those gaggles of affluent holiday-makers who foregather in their mammoth motorboats, to meet each day with monotonous regularity in the same (often very beautiful) creek, polluting their idyllic meeting place with splurges of Diesel oil, the stench of their engines, and the rubbish such boorish revellers often tend to leave in their wake.

These bogus drawing rooms should be sedulously avoided: I do not say this out of snobbishness, but surely you do not need to be one of the world's supreme sophisticates to grasp that it is absurd, in one of the loveliest places on earth, to recreate the social round you are supposedly leaving behind.

Capri has any number of places to discover and quiet corners to enjoy. It makes no sense to list them; any tourist leaflet does that for us. Certain it is, however, that none makes any mention of the cemetery at Capri, on the first curve of the road to the Marina Grande. Tall cypresses guard its perimeter; inside, two terraces, crossed by small avenues, receive their guests in hallowed quiet: the more famous residents include Jacques Fersen, Compton Mackenzie and Norman Douglas, a bizarre, genial Scottish author, poor as a church mouse, who spent almost half his life on the island, where he wrote some of his finest work from the time of the First World War onwards. The non-Catholic or foreigners' cemetery has a selection of tombs reflecting the tastes and cultures of the many nations whose children chose to live on the island. Here globe-trotting Germans, Swedes, Russians, Swiss and Americans, French and Polish, Austrians and English allayed their *angst*, gave rein to their passions, basked in the island's magic and could never leave.

This place is dear to me: as I walk around it, I always offer up a grateful prayer to Frau von Moor, a Viennese pediatrician who looked after me as a very small baby, during the war, when there was no penicillin. She had come to Italy with a Russian prince – a real one, not the "Viennese operetta" variety – and then left him for a more prosaic sailor, causing the prince to blow his brains out. I remember her old and lame, sipping *granite al caffè* in a small bar in Anacapri with her friend Graham Greene, who edited her autobiography after her death; he too was a regular visitor to the island, where he would tuck himself away in his house at Caprile, "Il Rosaio", built, like many on the island, by Edwin Cerio. He would go out early and wander around the little market in Anacapri with his shopping bag on his arm. *Our man in Havana* always wore a Panama hat, its broad brim almost covering his steely blue eyes. I never heard him utter a single word of Italian, though I imagine he must have known the language well. He was not much of a one for conversation, except if he thought you knew who he was, in which case he would become rather more communicative. He was an Englishman from another age, with all the *hauteur* of those born under the banner of the British Empire. Thinking of him, I am put in mind of the Capri of other times: when Edwin Cerio was mayor, when Sartre and Simone de Beauvoir sat in

English text

the square and Romolo Valli wandered around arrayed in long loose garments of white linen; Frank Coppola, on the other hand, always wore grey suits, as though he were in Chicago. Even though I can lay claim to no very great age, I remember seeing these luminaries wandering around the island with celebrities and millionaires, creating a glow with their aura of culture and peerless urbanity. Exceptionally, Onassis and Callas were allowed to drive across the square to the Hotel Quisisana in their car. Capri is not merely history, with its imperial villas and Cistercian Gothic, its splendid seventeenth-century architecture, the discreetly foppish modernism of Villa Fersen and the austere functionality of Villa Malaparte; nor is it merely nature, with its caves – places of magical rites and mysteries – its dolomitic crags, the scent of lentisk and the pungent smell of broom. Capri is the creature of a whole plethora of memories and presences which have left their mark on every corner, whose blending has given her a soul – no longer as vital as once it was, maybe, but inexpungible. No crowds, however riotous, can rend the veil which shrouds her, no brash "developments" – and goodness knows there are enough of them – can deprive us of this lingering memory. It is the birthright of the island, and of anyone with the eyes and soul to see it: the images, the memories, the flash-backs; no one can take these away.

Landscape and Architecture
Although Capri is known worldwide as an island of blue sea, precipitous rocks and luxuriant vegetation, the tangle of green which is now such a feature of its landscape is a very recent addition. If we look at the many photographs documenting the island from the end of the nineteenth century and over the first decades of the twentieth, we soon see that Capri was bleak and stony, even in areas which we cannot now imagine without their mantle of trees, vegetable plots and ornamental gardens. The vine and the olive have always grown on the island, since they can grow in hot and stony places, as can be seen in all Mediterranean areas; the chestnuts, beech and oak, which grow particularly densely on the slopes of Anacapri, were planted later. The agricultural landscape thus looks much less varied in these photographs, and generally much less luxuriant than it is today. Surveying the visual repertoire – the Centro Edwin Cerio has (had?) an extraordinary collection of slides – which documents the presence of this *maquis*, we notice that it was interspersed by citrus groves and vegetable plots growing broad beans, green vegetables, runner beans, chick peas, "chicklings", lentils and millet which were essential for local consumption. We know that from the time of the Anjou the island imported its supplies of wheat, since the local soil was too stony and the ground too steep for it to be grown locally. So that until the beginning of this century Capri – with her dense fabric of tiny vegetable plots, separated by low walls, scored by steep alleyways and flights of steps linking the various terraces – was clearly similar to certain barren parts of Greece and Sardinia, where we still find such archaic landscapes, with rare patches of woodland and pasture. The old photographs of the Marina Piccola which include the ground above – known as the Torre Saracena – show a steeply descending series of narrow stony plateaux without a tree or blade of grass. Even more surprising is the state of the vast plateau stretching towards Villa Jovis: only the olive-trees are recognizable, together with a few vines and citrus groves, and the occasional vegetable garden wrested from broad expanses of scrub. Monte San Michele – today covered by one of the island's most magnificent thickets – was completely bare. The reason for this pronounced dearth of vegetation was largely the difficulty of gaining access to the water provided by the few springs: hence the need to build the capacious cisterns, with their networks of vertical and horizontal canals, which were the *sine qua non* of every dwelling. Indeed, from classical times onwards, and possibly even before, the typology of every building was determined by the cistern; the typical vaulting, too, was devised for the collecting of rainwater. The great vaults of Villa Jovis, now partly ruined, were extremely famous, and conveyed the outflow through a vast network of cisterns on which Tiberius' citadel was built. The dimensions and majestic architecture of this austere imperial monument, founded in the time of Augustus, are outstanding; but even the more unassuming little peasant houses are built on the same typological principle. This system of vaulting spans the centuries, indifferent to changes in architectural style: Gaetana Cantone and Italo Prozzillo have recently shown that the roofing of the complex of the Certosa di San Giacomo, founded in the fourteenth century, offered a repertoire of forms and static solutions which had a profound influence on all the island's secular buildings, from the most modest to the most elaborate and pretentious. All these built fragments, whether contiguous or separated by almost impassible little roads, make up a fabric which has become denser over the centuries, forming a single whole coming together around the palaces, the churches, the chapels or monasteries which have always been the kernels of urban expansion and the driving force behind the island's poor economy. Ever since the Middle Ages, only very few families – the Arcucci and the Farace, from the fourteenth century onwards – together with the religious Orders and the Church, have always constituted the dominant class in a mainly agrarian society which had its market place, surrounded by depots for the storing and selling of foodstuffs, with ground floor spaces for artisans, bread ovens, olive presses and vats and barrels for wine. The coastal community seems undoubtedly to have been more dynamic in nature, engaged as it was in fishing, boat-building and trade with the neighbouring centres on the bay: but this community was active only at Capri, and originally clustered around the lovely Byzantine church of San Costanzo, on the plateau overlooking the Marina Grande, while the population of the "countryside" of Anacapri remained exclusively agricultural until the beginning of the twentieth century.
It is hard to imagine how the present-day "piazzetta" of Capri must have looked during the *ancien régime*, bristling as it is today with tables *al fresco*, and bustling with a motley crowd of tourists. Then it was a simple expanse of beaten earth, used as a market place, overlooked by the bishop's palace (now absorbed into the present-day town hall) with its Romanesque bell-tower, flanked by one of the gateways and a circle of ancient walls, rebuilt on several occasions. One impressive stretch of these Greek walls has remained miraculously intact in a garden at the top of the flight of steps that runs down from the piazza towards the Marina

A classical bas-relief kept in Axel Munthe's bedchamber.

Un bassorilievo classico conservato nella camera da letto di Axel Munthe.

Bas-relief d'époque classique conservé dans la chambre à coucher d'Axel Munthe.

English text

Grande. On the other side of this space is the seventeenth-century Cathedral of Santo Stefano, its façade facing not on to the "piazzetta", but at right angles to the adjacent family palace of the Arcucci (now Palazzo Cerio): this would lead us to believe that in the seventeenth century the present-day "piazzetta" had not yet assumed a truly urban nature, but was still an unfinished space with stalls on trading days and fairs. A real piazza, in the urban sense, however unpretentious, lay between the parvis of Santo Stefano, Palazzo Arcucci and Palazzo Farace, from which Via Madre Serafina di Dio opened into a covered stretch (where the Ristorante Gemma now stands), which originally was probably a communication trench running outside the walls, as Roberto Berardi has recently conjectured. Over time, other buildings went up along these streets, whose ground floor rooms were used as workshops and storerooms. Other roads started from the open space below (the present-day "piazzetta"): the narrow Via delle Botteghe and Via Longano, then Via Sopramonte, made more intricate by additional diagonal and transverse paths, ultimately forming the street system, still largely in place, of a medieval centre which has left its enduring mark on the morphology of this built up area. At its edges, in one of the few level areas protected from the mistral by the ridge of Monte Solaro, stands the great Certosa di San Giacomo, still one of the largest monuments on the island. It was built around 1366 by Count Giacomo Arcucci to honour a vow. The count was admiral and advisor to Queen Jeanne of Anjou, who contributed to the construction of the Certosa. Adhering faithfully to the monastic dictates of the Order, it is surrounded by a *spatiamentum*, a vast area designed to protect the friars' solitude, which was further safeguarded by the natural barrier of the cliffs dropping straight down to the sea and the boundary walls of the town of Capri. The typological layout is very similar to that of the contemporary Certosa di San Martino in Naples, confirming the strict norms followed by the Order in this respect. The first part to be constructed, at the end of the entrance avenue, consists of two large buildings: the guard house, which later became the pharmacy, and the small "women's chapel", which could be visited by the general public.

From this first group of buildings we go along the entrance avenue overlooked by the church – traces of fourteenth-century frescoes are still visible in the lunette of the portal and in the apse – with an adjoining tower constructed on a rectangular base, whose portal marks the access to the monastic area, with its rigid division of spaces and functions in accordance with the Carthusian rule. The small cloister lies between the church and the refectory; a covered gallery separates this side of the complex from the cellars and storerooms, followed by the dwelling quarters and prior's garden. The large cloister, built in the seventeenth century, serves as a monumental conclusion to the whole, which is in fact wonderfully harmonious despite the fact that it took over three centuries to build. This harmony is largely due to the unity conferred by the vaulting of the entire monastery, with its powerful extradoses and roofing of "beaten lapilli", typical of all the architecture of the Costiera Amalfitana and reflecting the strong influence of Graeco-Byzantine architecture. We find it again on the Marina Grande at San Costanzo (one of the most impressive examples of the island's architecture, dating from the tenth century) of which the Byzantine cruciform layout – visible inside the church in the slender little raised arches and outside in the extrados of the small conical dome and four barrel vaults which roof the arms of the cross – was extended in its south wing, by Count Giacomo Arcucci, around 1330, with a large square presbytery roofed by cross vaulting with extradoses. This addition – one of the first Gothic examples on the island – altered the orientation of San Costanzo, around which the ancient village of Aiano – in the diaconate of the church – nestled. The village was gradually abandoned when the population moved into the saddle where the residential area of Capri then grew up. Towards the end of the sixteenth century the bishop's see was transferred to the church of Santo Stefano, whose Baroque façade and dome blend in with the original articulation of the arches and barrel vaulting of the side chapels. It is this seamless amalgam of different styles which gives Capri's architecture its unique flavour, confirming my idea that peripheral areas – as islands are by their very nature – foster styles with a particular naive and popular individuality which have all the spontaneous liveliness of dialect.

The church of Sant'Anna is a small masterpiece in this respect, with its parvis with three columns originally supporting a pergola. The plan of the church dates from the Byzantine period, reworked in the fourteenth and seventeenth centuries. The rectangular hall is subdivided into a nave and two aisles, ending in three apses with extradoses, which develop the internal spaces, as in the manner of many Byzantine layouts. The recycled Roman material, the fourteenth-century frescoes in the right-hand small apse, the *corps-à-corps* between the perimeter walls with the houses built up against them, the seventeenth-century façade, naively attempting the Baroque, are all part of an untroubled dialogue among the centuries, during which the time of history was, as it were, speeded up, lessening the distance between the various architectural styles to create one single little building where everything blends and fuses.

Brief as they are, these comments on a few significant examples of the architecture of Capri may give some idea of the richness of its history, which extends from the Roman era to the twentieth century with enviable continuity. Mention should be made of just one construction from our own century, namely, Villa Malaparte at Punta Massullo, visible from the sea in the rocky stretch near the *faraglioni*, or from the astounding path of Pizzolungo which runs down between trees from the Belvedere of the Arco Naturale, offering amazing snatches of panorama. This villa, built for the Tuscan writer in the 1940s, is usually thought to have been constructed by Adalberto Libera, who undoubtedly signed the original blueprint, which the finished building does not at all resemble: whoever it may have been who suggested these crucial changes, the fact remains that this prism of a building, set into the rock overlooking the sea, remains a brilliant achievement. The trapezoidal staircase leading to the roof deserves a place alongside the boldest statements of the European modernist avant-garde.

Air, Earth, Fire

Towards the end of August 1993 Capri once more became the island of fire. I can remember the great blaze of 1967, and then those which followed with ominous regularity throughout the Seventies and Eighties. But none of these raged with the violence of the blaze that swept the island in the last days of that August. By the middle of the month, over the gentle hill whose green flanks slope down towards Cala Ventroso, the air was already grey with smoke by seven in the morning; then tongues of flame sprang up, fanned down the valley by a dry wind. This hotbed was soon put out, but it was merely the harbinger of a far more serious disaster. On the last weekend in August, a strong tramontana blew up and the green mantle of cluster pines on the side of Monte Solaro overlooking Anacapri suddenly blazed fiery red. The fire broke out along the line of the chairlift at five in the afternoon: it was immediately clear that the wind was feeding this incandescent serpent, driving it violently along the higher and more thickly wooded slopes of Monte Solaro, the same area which had been replanted after the last fire in 1981. Reforestation with cluster pines had undoubtedly been dictated by the need to plant a relatively fast-growing species. But haste is a poor counselor: the pine is a resinous tree, all too vulnerable to the recurrent risk of fire; it would have been wiser to plant chestnuts, oaks and ilexes, since they are more resistant to fire and prevent soil erosion. Anyone who knows the hills of Capri knows that the undergrowth has been sadly neglected, and is a positive tinderbox after months of complete drought: one cigarette end or careless bonfire, and the brushwood goes up in smoke. These late-summer disasters which devastated Capri were caused by ignorance and neglect, more than shortsighted and criminal personal interests. Capri is not Sardinia, where fire has constituted a wretched system of survival for shepherds and criminally oriented business interests. Tiberius' island derives its more than adequate livelihood from other means.

By sunset the avalanche of fire had already crept up the lower slopes of Monte Solaro, and on that clear night, made even clearer by the mistral, the sight was unforgettable. From the hill where Villa Jovis stands, or from the Due Golfi, the ridge of Monte Solaro appeared to be girt with a flickering crown of fire, jagged and shifting, rising in tall glowing tongues along the highest ridge of the mountain towards the Marina Piccola, from the Grotta delle

Felci to the Passetiello. This sight instantly led me to understand that the great viewpainting tradition showing Monte Nuovo, which sprang up over night in the mid sixteenth century in the Phlegraean Fields, together with that of Vesuvius erupting – one of the *topoi* of Neapolitan painting between the seventeenth and eighteenth centuries – was not the overheated fruit of the picturesque imagination: it was, quite simply, realistic, as borne out by the splendid canvases by Bonavia, Vervloet, Wright of Derby or Pietro Fabris. On that sleepless night Monte Solaro looked like Vesuvius erupting, not just with two or three mouths of fire, but with its entire crest looking towards the residential area of Capri on the one side, and towards that of Anacapri on the other. The sight was positively inspiring in its awesomeness, as Nero might have said: but the adjective becomes inadmissible if we bear in mind the victims, those who were burnt or injured, and the irreparable damage to the landscape. As it reached the top of the mountain, the fire began to rain down on the densely populated area of the Grotta delle Felci, the site of the first prehistoric settlement, continuing its march along steep inaccessible gorges: segments of fire were seen to bite into the mountain's dolomitic crest, then disappear into the dense *maquis*, to dart upwards again like incandescent blades into the cobalt blue of the night. The fire raged for three days and three nights: Ischia, Sorrento, Monte Faito, Vesuvius and some parts of Posillipo at Naples, also burned. The faultless blue of the bay had been turned into a pitiless and contradictory spectacle. *Mater Tellus*, says Lucretius in his *De Rerum Natura*, and here in the Golfo delle Sirene, seat of Homeric and Virgilian myths, everything seemed to have reverted to its origins, to a time when earth, water and fire were one. But the ground noise of mechanical creatures in the skies brought us back to our own, less heroic times. Dauntless in their pursuit of duty, helicopters large and small, planes with retardant agents and water flew from dawn to dusk over the charred landscape, skimming Monte Solaro, braving the gorges to reach the fires still burning in inaccessible places. The drone of the planes as they swooped, the helicopters insistent buzz created a sense of unease despite the merciful nature of their mission. In the face of the advancing fire we feel we are in the grip of an obscure, uncontainable force, fed by an unpredictable and powerful wind gusting at unexpected speed.

Nature fights back
In spring I always take the hunters' path which runs down from the highest part of Monte Solaro, skirting the crest, down to the Belvedere of La Migliara. It is a relatively easy two hour walk, offering an extraordinary panorama, including the *faraglioni* on one side and the headland with the Lighthouse on the other, and sudden dizzying views of thick woodland and Anacapri. I took it again after that great fire: everything was blackened, charred, the trees looked like stricken, dried up skeletons, the paths – formerly almost impassible because of the tangle of myrtle and rosemary, gentian, broom, rockrose and other Mediterranean flora – had been turned into parched roads of arid rock. On the other brow of the mountain the valley of Cetrella – previously a natural haven of still unviolated nature – now looked positively lunar. The northern and southern slopes which clasp the hollow like an amphitheatre had been entirely burned: the terraces were bare; the black and white mantle of ashes made the landscape look winter bleak, as if it were covered with snow. Fortunately, the kernel of Cetrella was unharmed, and the area was reminiscent of a lunar crater with a miraculously green chaplet in its centre. Going down along the Passetiello, a long stretch of which had been affected by the fire, huge boulders had caused landslides, with the attendant risk of further earthslips from the steep slopes flanking the road linking Capri and Anacapri. The fire had continued to burn beneath the ashes, which in some places were knee high, for quite some time. Rain had acted as a kindly cleansing agent, but there was a risk of leaching, since in many places the terrain had lost its covering of trees. I noticed that some branches were green, offering a sign of hope, telling us that life goes on.
A policy for fire prevention is absolutely crucial: the undergrowth needs to be maintained, there should be fire breaks, cisterns, and a widespread sprinkler system to tackle the fires as soon as they break out. Reforestation should be done with due care as to the choice of species. The emperor Tiberius dotted the island with huge cisterns providing water, and the growth of Capri and Anacapri was conditioned by the topography of its natural or man-made sources of water: today such matters should be simpler, but they are not. Not to mince words, one cannot help feeling that Capri's unique loveliness deserves tenderer husbandry.

Beyond the Commonplace
I am aware that I have overlooked many of the island's famous features: I have said nothing about Tragara or the *faraglioni*, scarcely a word about the hundred or so works of architecture dotted over the island, not a single mention of the many bathing places where thousands of tourists flock each year: Luigi ai Faraglioni, the Canzone del Mare, the Scoglio delle Sirene at the Marina Piccola, the Bagni di Tiberio at the Marina Grande, the Lighthouse and Gradola at Anacapri are some of the best known, but to mention them would go against the spirit of these pages, which do not aim to be a guide to the island, but rather an invitation to avoid the commonplace. My choices are naturally biased, but the only way to reach beyond everything we know and read about the island is necessarily very personal. Going into St. Peter's, we will inevitably feel drawn to Bernini's baldachin, but looking at that alone will give the visitor no sense of this temple of Christianity; this goes for all the architectural monuments we visit. We should cultivate a sense of awareness that will help us – as we visit great houses and museums, or look at landscapes or islands – to do so with a pinch of anticonformism. This feeling has stayed with me all the time I was writing these admittedly rather odd pages, straying as they do from the fold of erudition and indeed untouched by technical expertise. The literature on Capri is so vast that anyone can enlarge his or her knowledge in the field of history or art, archaeology or natural history: the important thing is not to allow ourselves to be blinkered by the traces of the various disciplines. Capri is a miracle wrought by man and nature, and to understand this delicate balance it is essential to stroke it against the grain, in an effort to sweep away creeping platitudes with all the imagination we can summon up.

Cesare de Seta

pp. 112/113
Nicola Palizzi (1820-1870)
Capri seen from Massa Lubrense.

Capri vista da Massa Lubrense.

Capri vue depuis Massa Lubrense.

Napoli, Accademia di Belle Arti.

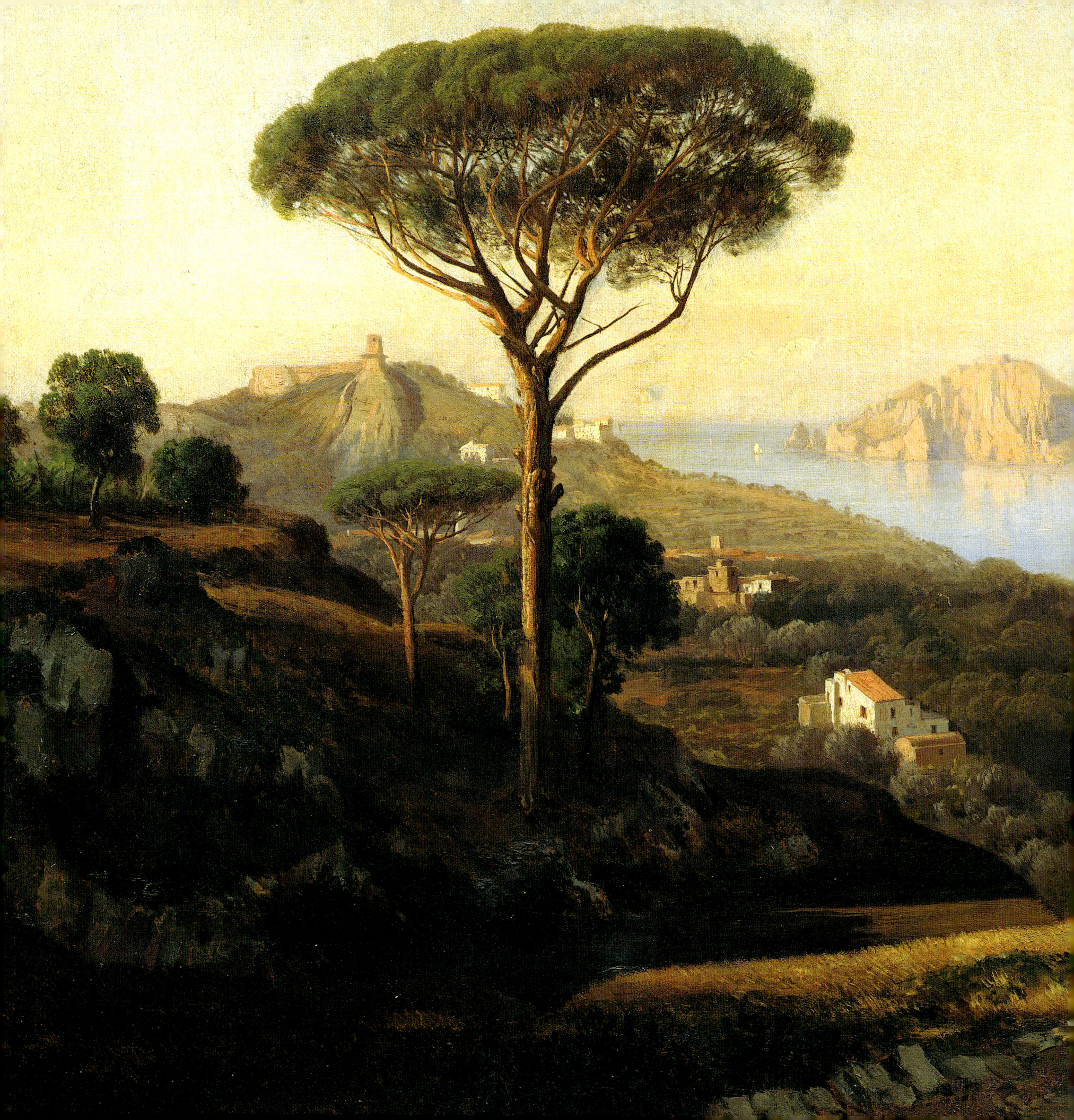

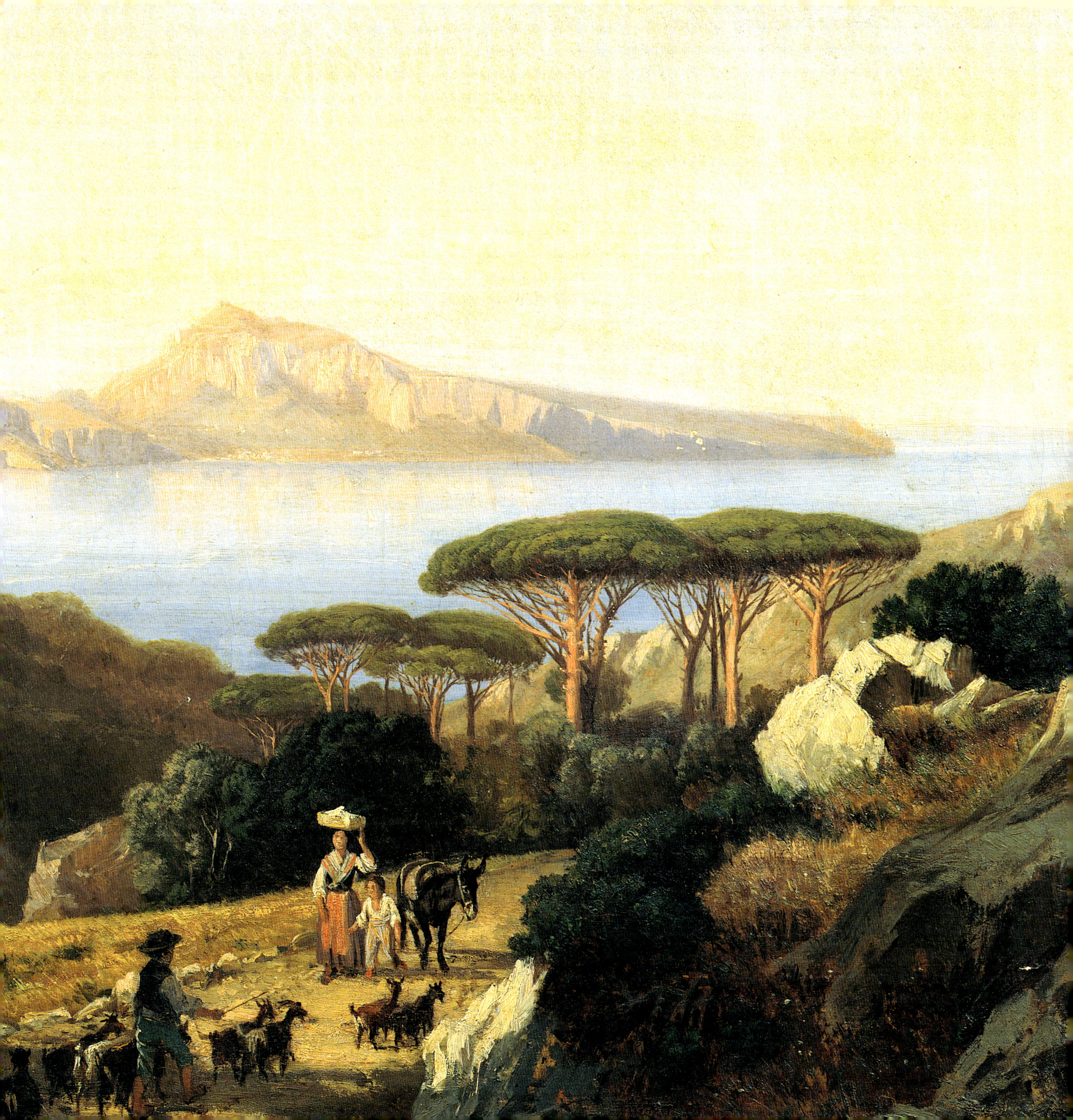

Tavole

Pagina 23
L'Arco Naturale, formatosi in seguito a un'azione erosiva di tipo carsico della durata di intere ere geologiche; la ciclopica apertura è alta oltre 200 metri.

Pagina 24
La Grotta Azzurra deve il suo nome al fenomenale effetto della luce che, attraversando l'acqua da un'ampia fenditura sottomarina, illumina per rifrazione le pareti della caverna. Era già nota agli antichi romani, che vi allestirono un ninfeo marino decorato di statue e mosaici.

Pagina 25
L'impagabile vista dalla sommità di Monte Solaro: tra il giallo delle ginestre e il cielo si scorgono l'abitato di Capri, i Faraglioni e, sullo sfondo, la penisola sorrentina.

Pagine 26/27
L'inconfondibile sagoma dell'isola vista da Napoli.

Pagine 28/29
Una veduta aerea della parte dell'isola che si affaccia sulla penisola sorrentina e Punta Campanella. In primo piano, su un promontorio che per oltre 300 metri precipita a strapiombo sul mare, Villa Jovis, la dimora prediletta di Tiberio.

Pagine 30/31
Un antico muro di epoca tiberiana, posto alla sommità del ninfeo del Palazzo a Mare.

Pagina 32
Oggetto destinato ad appagare il gusto per il collezionismo archeologico in voga in tutta Europa all'indomani degli scavi borbonici di Pompei, questa lastra composta da frammenti marmorei provenienti dalle pavimentazioni di Villa Jovis reca un'iscrizione del 1786 in lingua inglese con la descrizione e la provenienza del reperto.

Pagina 33
Il giardino di Villa Bismarck si affaccia sulla Marina Grande e il promontorio orientale, chiuso dalla Punta del Capo.

Planches

Page 23
L'arco Naturale résulte d'un phénomène d'érosion de type karstique qui perdura plusieurs ères géologiques durant; sa formidable ouverture a plus de 200 mètres de hauteur.

Page 24
La grotta Azzura doit son nom à un phénoménal effet lumineux: en traversant l'eau par une large faille sous-marine, la lumière illumine par réfraction les parois de la caverne. Elle était déjà connue par les Romains qui y avaient installé un nymphée marin orné de statues et de mosaïques.

Page 25
Du sommet du mont Solaro, entre ciel et genêts jaunes, une perspective extraordinaire s'offre sur la petite cité de Capri, sur les Faraglioni et la péninsule de Sorrente.

Pages 26/27
La silhouette caractéristique de Capri vue de Naples.

Pages 28/29
Vue aérienne de la partie de l'île, qui fait face à la péninsule de Sorrente et à la punta Campanella. Au premier plan, dressée sur un promontoire en à-pic qui domine la mer de plus de 300 mètres, la villa Jovis, qui fut la préférée de Tibère.

Pages 30/31
Un ancien mur de l'époque tibérienne, situé dans les parties hautes du nymphée du palazzo a Mare.

Page 32
Comme tant d'autres objets destinés à satisfaire la mode des collections archéologiques en vogue à l'époque des Bourbons, au lendemain des fouilles de Pompéi, ce panneau est formé de fragments de marbre extraits du pavement de la villa Jovis. Il porte une inscription de 1786, en anglais, qui décrit les pièces antiques et en indique la provenance.

Page 33
Le jardin de la villa Bismarck s'ouvre sur la baie de Marina Grande et sur le promontoire oriental de l'île, terminé par la punta del Capo.

Plates

Page 23
The Arco Naturale, formed as a result of erosive action of the karst type over several geological eras; its colossal span is more than two hundred metres high.

Page 24
The Blue Grotto owes its name to the extraordinary effect produced by the light as it strikes through the water from a wide underwater cleft, lighting up the walls of the cave by refraction. It was already known to the Romans, who created a marine nymphaeum with statues and mosaics in it.

Page 25
The matchless view from the top of Monte Solaro, with Capri and the faraglioni visible between the yellow broom and the sky, and, further on, the Penisola Sorrentina.

Pages 26/27
The unmistakeable outline of Capri seen from Naples.

Pages 28/29
Bird's-eye-view of the part of the island facing the Penisola Sorrentina and Punta Campanella. In the forefront, on a promontory three dizzying metres sheer above the sea, Villa Jovis, Tiberius' favourite residence.

Pages 30/31
An old wall from the time of Tiberius on the top of the nymphaeum of Palazzo a Mare.

Page 32
Created to cater for the rage for archaeological collecting which swept Europe after the Bourbon excavations at Pompeii, this slab – composed of marble fragments from the paving at Villa Jovis – has an English inscription dated 1786 with a description of the find and its provenance.

Page 33
The garden of Villa Bismarck overlooking the Marina Grande and the eastern promontory, ending with Punta del Capo.

Pagina 34

La cupola della chiesa di Santo Stefano riprende il linguaggio barocco della facciata filtrandolo attraverso esperienze stilistiche locali, mentre l'originale articolazione degli archi e delle volte a botte delle cappelle laterali risente più compiutamente dello stile eterogeneo dell'isola.

Pagina 35

Chiesa di Santo Stefano. Il busto di San Giacomo (1610-12), di Michelangelo Naccherino, manifesta, secondo le parole di Raffaello Causa, "la controllata e possente plastica" dello scultore toscano, a lungo attivo a Napoli. Dal sepolcro di Giacomo Arcucci, un tempo collocato nella Certosa.

Pagine 36/37

Chiesa di Santo Stefano. Figura giacente di Giacomo Arcucci, il nobile fondatore della Certosa di San Giacomo, recante in grembo il modellino della chiesa. Particolare del sepolcro opera di Michelangelo Naccherino. L'opera venne commissionata dai nipoti di Giacomo contestualmente alla tomba gemella dedicata al loro padre, Vincenzo, per celebrarne l'illustre discendenza.

Pagina 38

Chiesa di Santo Stefano. Busto reliquiario di San Giacomo. Argento, manifattura napoletana (seconda metà del secolo XVII); proveniente dalla Certosa di San Giacomo.

Pagina 39

Chiesa di Santo Stefano. Teca in legno e pastiglia dorata, contenente reliquiari (secolo XVI); le ante sono frutto di un rimaneggiamento ottocentesco. Al centro, un piccolo capolavoro di oreficeria del secolo XIV, noto come "Reliquiario dei pellicani"; secondo Lipinsky vi sarebbero invece raffigurati degli struzzi (tema araldico presente nelle insegne della casa degli Angiò d'Ungheria) e l'opera sarebbe da attribuirsi all'orafo senese Pietro di Simone, attivo alla corte magiara dal 1330.

Pagina 40

Villa Discopoli. Edificata a partire dal 1890, è ispirata ai modelli dell'architettura islamica, con decorazioni in ceramica di gusto neo-ottomano.

Pagina 41

Il campanile e la chiesa di San Costanzo, fondata nel X secolo.

Pagina 42

I tornanti a novanta gradi di via Krupp si snodano per oltre un chilometro e consentono di raggiungere il mare di Marina Piccola dai Giardini di Augusto. La strada, letteralmente strappata alla roccia, fu costruita nel 1902 per volere dell'industriale tedesco Friedrich Alfried Krupp, figlio del fondatore delle famose acciaierie di Essen, che, innamoratosi dell'isola, mise a disposizione l'ingente capitale necessario alla realizzazione dell'opera.

Pagina 43

Indissolubilmente legati al paesaggio dell'isola, i Faraglioni emergono dalle acque turchesi di Marina Piccola.

Pagine 44/45

La Certosa di San Giacomo sullo sfondo dei Faraglioni. Edificata a partire dal 1366 per volontà del conte Giacomo Arcucci, consigliere della regina di Napoli Giovanna I d'Angiò, presenta un impianto aderente alle severe regole monastiche dell'ordine.

Page 34

La coupole de l'église Santo Stefano reprend le style baroque de la façade, teinté d'influences artistiques locales. L'articulation des arcs et des voûtes en berceau des chapelles latérales est plus représentative, quant à elle, du style composite de l'île.

Page 35

Eglise Santo Stefano. Le buste de saint Jacques, exécuté en 1610-1612 par Michelangelo Naccherino, montre bien, écrit Raffaello Causa, "la puissance et la maîtrise artistique" de ce sculpteur toscan qui œuvra à Naples. Détail du tombeau de Giacomo Arcucci, autrefois placé dans la chartreuse.

Pages 36/37

Eglise Santo Stefano. Sur le gisant du noble fondateur de la chartreuse de San Giacomo est posé un modèle réduit de l'église. Détail du tombeau de Giacomo Arcucci, exécuté par Michelangelo Naccherino. Cette œuvre fut commandée par les petits-fils de Giacomo Arcucci, en même temps et sur le même modèle que la tombe de leur père Vincenzo, afin de souligner l'illustre ascendance de ce dernier.

Page 38

Eglise Santo Stefano. Buste reliquaire en argent de saint Jacques. D'origine napolitaine, il date de la seconde moitié du XVIIe siècle et provient de la chartreuse de San Giacomo.

Page 39

Eglise Santo Stefano. Coffre en bois à pastillage doré du XVIe siècle, contenant divers reliquaires; les volets latéraux résultent d'un remaniement du XIXe siècle. Au centre de ce coffret, une précieuse pièce d'orfèvrerie du XIVe siècle a été placée – le "reliquaire des Pélicans". Selon Lipinsky, il s'agirait plutôt d'autruches, éléments héraldiques présents dans les armes de la maison d'Anjou-Hongrie, et l'auteur en serait l'orfèvre siennois Pietro di Simone, actif à la cour magyare à partir de 1330.

Page 40

La villa Discopoli. Construite à partir de 1890, elle s'inspire de l'architecture islamique et possède un beau décor en céramique de style néo-ottoman.

Page 41

Le campanile et l'église San Costanzo, fondée au Xe siècle.

Page 42

Les virages en épingle à cheveux de la via Krupp qui s'enroulent sur plus d'un kilomètre permettent de rejoindre la baie de Marina Piccola en traversant les jardins d'Auguste. Cette route, littéralement arrachée à la roche, fut construite en 1902 par l'industriel allemand Friedrich Alfried Krupp, fils du fondateur des célèbres aciéries d'Essen. Amoureux de Capri, il finança entièrement la réalisation de l'ouvrage.

Page 43

Indéfectiblement liés au décor naturel de l'île, les Faraglioni se découpent à l'horizon des eaux turquoise de Marina Piccola.

Pages 44/45

La chartreuse de San Giacomo, avec les Faraglioni en arrière-plan. Né de la volonté du comte Giacomo Arcucci, puissant conseiller de la reine de Naples Jeanne Ire d'Anjou, l'édifice, dont la première pierre fut posée en 1366, adopte un plan en accord avec les sévères règles monastiques de l'ordre.

Page 34

The dome of the church of Santo Stefano uses the Baroque language of its façade, filtered through local architectural experience. The original articulation of the arches and barrel vaulting of the side chapels, on the other hand, more fully reflects the island's heterogenous style.

Page 35

Church of Santo Stefano. Bust of Saint James by Michelangelo Naccherino (1610-12); Raffaello Causa defines it a fine example of the "powerful and controlled modelling" of the Tuscan sculptor, who worked in Naples for many years. Detail of the tomb of Giacomo Arcucci, originally in the Certosa.

Pages 36/37

Church of Santo Stefano. Recumbent figure of Giacomo Arcucci, the noble founder of the Certosa di San Giacomo, supporting a model of the church. Detail of the tomb by Michelangelo Naccherino. The work was commissioned by Giacomo's grandchildren, at the same time as the twin tomb of their father Vincenzo, to celebrate the illustrious family line.

Page 38

Church of Santo Stefano. Silver reliquary bust of Saint James, made in Naples in the second half of the seventeenth century, originally in the Certosa di San Giacomo.

Page 39

Church of Santo Stefano. 16th-century case in wood and gilded plaster, containing reliquaries; the side shutters were reworked in the 19th century. In the centre, an important piece of 14th-century goldsmithery, traditionally known as the "reliquary of the pelicans". According to Lipinsky, the birds represented are actually ostriches, a heraldic motif recurring in the insignia of the Anjou-Hungary House; he attributes the work to the Sienese goldsmith Pietro di Simone, who was active at the Hungarian court from 1330 onwards.

Page 40

Villa Discopoli. Built from 1890, it was inspired by Islamic models, with ceramic decoration in the neo-Ottoman style.

Page 41

The bell-tower and church of San Costanzo, founded in the 10th century.

Page 42

Winding for over a kilometre, the ninety-degree hairpin bends of Via Krupp link the Giardini di Augusto to the Marina Piccola. Wrested from the rock, the road was built in 1902 by the German industrialist Friedrich Alfried Krupp, the son of the founder of the famous steelworks at Essen, who was a great lover of the island and provided the vast capital needed for the undertaking.

Page 43

A highly distinctive feature of the island, the faraglioni stand out on the horizon of the turquoise waters of Marina Piccola.

Pages 44/45

The Certosa di San Giacomo with the faraglioni in the background. Built from 1366 onwards upon commission by Count Giacomo Arcucci, adviser to the queen of Naples, Jeanne I of Anjou, its layout follows the strict rules of the Order.

Pagine 46/47

Visto dal sentiero proveniente da Punta Massullo, lo scoglio del Monacone con le sue scoscese pareti di roccia dolomitica offre rifugio sicuro a migliaia di gabbiani.

Pagina 48

I vivaci colori della macchia mediterranea, un tempo diffusa su tutta l'isola, sulle pendici del Monte San Michele.

Pagina 49

Un tratto della costa visto dal belvedere di Piano delle Noci.

Pagine 50/51 e 52

All'estremità di Punta Massullo sorge Villa Malaparte, uno dei capolavori del razionalismo italiano.
La grande scala rastremata raggiunge la copertura del rosso parallelepipedo incastonato nella roccia. Sul tetto privo di parapetto, solo una virgola di bianca muratura per ripararsi dagli sguardi degli occasionali viandanti interrompe lo spazio scabro e metafisico.
Le grandi finestre, tagliate al vivo nelle pareti e riquadrate internamente da una massiccia cornice di legno, trasformano i panorami in mutevoli dipinti della natura.

Pagina 53

Incastonati profondamente nel mare, i possenti monoliti calcarei sono stati isolati dalla costa dalla lenta azione erosiva delle onde: il Faraglione di Fuori, detto anche Scopolo, alto 104 metri, quello di Mezzo, alto 81 metri e caratterizzato dal tunnel naturale che lo attraversa, e il Faraglione di Terra o Stella, che con i suoi 110 metri è il più alto ed è l'unico parzialmente unito all'isola.

Pagine 54/55

L'Arco Naturale, incastonato lungo la costa e un tratto di mare fra i più incontaminati dell'isola.

Pagine 56/57

Resti delle strutture murarie romane nella grotta di Matermània; l'antro naturale era probabilmente già utilizzato in epoca preromana come ninfeo.

Pagina 58

Le acque turchesi all'ingresso della Grotta Bianca, incorniciate dalla volta irta di stalattiti della Grotta Meravigliosa.

Pagine 59-61

Formazioni di stalattiti nella Grotta Meravigliosa.

Pagine 62-64

Villa Jovis. Le vestigia dell'ala termale di quella che fu la più imponente tra le dodici dimore fatte erigere da Tiberio.
La residenza arrivò ad occupare un'area di circa 7000 metri quadrati articolandosi su un forte dislivello, con ambienti di rappresentanza, appartamenti imperiali, terme sontuose, grandiose cisterne, terrazze panoramiche e un osservatorio astronomico.
Uno dei portali di accesso e opere murarie nel settore occidentale. Il gioco di alternanza fra opus reticulatum e opus lateritium testimonia la perizia costruttiva raggiunta dai romani in epoca augustea e tiberiana.

Pagine 65-67

Il panorama di struggente bellezza che si apre dal fondo del salone di Villa Lysis inquadra tra le fronde di un pino

---

Pages 46/47

Vu du sentier qui mène à la punta Massullo, le rocher du Monacone et ses parois calcaires escarpées offrent un refuge sûr à des milliers de mouettes.

Page 48

Les couleurs éclatantes et le parfum du tapis de broussailles méditerranéennes, autrefois omniprésent sur l'île, animent encore les pentes du mont San Michele.

Page 49

Une partie de la côte vue du belvédère du Piano delle Noci.

Pages 50/51 et 52

A l'extrémité de la punta Massullo surgit la villa Malaparte, chef-d'œuvre du rationalisme italien.
Le grand escalier trapézoïdal de la villa Malaparte mène jusqu'au toit du grand parallélépipède rouge enchâssé dans la roche. Sur ce toit sans parapet, seul le trait d'un mur blanc, destiné à protéger les occupants des regards d'éventuels passants, vient troubler l'espace rugueux, métaphysique.
Les grandes fenêtres, ouvertes à même les murs et entourées à l'intérieur d'un épais cadre de bois, transforment les panoramas en autant de tableaux changeants de la nature.

Page 53

Profondément enfoncés dans la mer, de puissants monolithes calcaires se sont détachés de la côte sous l'effet de la lente érosion exercée par les courants marins: le Faraglione di Fuori, ou Scopolo, haut de 400 mètres; le Faraglione di Mezzo, haut de 81 mètres, qu'un tunnel naturel traverse; le Faraglione di Terra, ou Stella, le plus haut (110 mètres), et le seul qui soit en partie relié à la terre ferme.

Pages 54/55

L'arco Naturale, enchâssé dans l'un des littoraux les plus préservés de l'île.

Pages 56/57

Vestiges d'un mur romain dans la grotta di Matermània. Cette cavité naturelle servait déjà probablement de nymphée à l'époque préromaine.

Page 58

Les eaux turquoise à l'entrée de la grotta Bianca, encadrées par la voûte hérissée de stalactites de la grotta Meravigliosa.

Pages 59-61

Formations de stalactites sur la voûte de la grotta Meravigliosa.

Pages 62-64

Villa Jovis. Vestiges de l'ensemble thermal de la plus imposante des douze demeures que Tibère fit bâtir sur le sol capriote. Cette résidence couvrait une aire de plus de 7 000 mètres carrés; construit sur un terrain fortement dénivelé, l'ensemble comprenait des salles de réception, des appartements impériaux, des thermes, d'immenses citernes, des terrasses panoramiques et un observatoire astronomique.
L'un des portails d'accès à la partie occidentale du palais. Les assises alternées d'opus reticulatum et d'opus lateritium des structures maçonnées témoignent de l'habileté de ces grands constructeurs que furent les Romains à l'époque d'Auguste et de Tibère.

Pages 65-67

Du fond du salon de la villa Lysis, un panorama d'une stupéfiante beauté révèle entre les frondaisons d'un pin

---

Pages 46/47

View from the path coming from Punta Massullo; the steep dolomitic walls of the rock of the Monacone offer shelter to thousands of seagulls.

Page 48

The typical Mediterranean maquis, once virtually dominating the island with its bright colours, here seen on the slopes of Monte San Michele.

Page 49

Stretch of coast seen from the Belvedere of Piano delle Noci.

Pages 50/51 and 52

One of the masterpieces of Italian rationalism, Villa Malaparte stands at the tip of Punta Massullo.
The great tapering staircase runs up to the top of the red parallelepiped set in the rock. The roof has no parapet, just a line of white masonry to guard against the prying gaze of the occasional passer-by; otherwise, its surface is utterly bare and "metaphysical".
The large windows, cut straight out of the walls and outlined by massive internal wooden frames, turn the views into changing natural paintings.

Page 53

Plunging deeply into the sea, the great limestone monoliths of the faraglioni have been cut off from the coast by the gradual erosive action of the waves; the three jagged rocks are known as the Faraglione di Fuori, also called Scopolo, 104 metres high, the Faraglione di Mezzo, 81 metres high, with a natural tunnel running through it, and the Faraglione di Terra or Stella, the tallest of the three at 110 metres, and the only one still partially joined to the island.

Pages 54/55

The Arco Naturale frames one of the island's least spoiled stretches of land and sea.

Pages 56/57

Remains of Roman masonry structures in the natural cave at Matermània, probably already used as a nymphaeum in pre-Roman times.

Page 58

Turquoise water at the entrance to the Grotta Bianca, framed by the roof of the Grotta Meravigliosa with its bristling stalactites.

Pages 59-61

Stalactites on the roof of the Grotta Meravigliosa.

Pages 62-64

Villa Jovis. Remains of the baths of what was the most impressive of the twelve palaces Tiberius had built on Capri. The residence occupied an area of some 7000 square metres of extremely uneven ground. It included state rooms, imperial apartments, sumptuous baths, cisterns, panoramic terraces and an astronomical observatory.
One of the entrance doors and walls to the west part of the palace; the alternating play of opus reticulatum and opus lateritium in the masonry structures is evidence of Roman building prowess at the time of Augustus and Tiberius.

Pages 65-67

The exquisitely beautiful view from the drawing room of Villa Lysis frames the Penisola Sorrentina and Punta

marittimo la costa di Punta Campanella.
Particolare del portico che guarda verso Marina Grande e fronte della villa.
Jacques Adelswaerd de Fersen, giovane poeta decadente giunto a Capri da Parigi nel 1904, volle costruire il suo rifugio nelle immediate vicinanze di Villa Jovis, appagando il suo desiderio pagano di bellezza e di vanità. Villa Lysis fu per oltre quindici anni teatro dell'effimero stile di vita del suo proprietario, che ne affidò il progetto all'amico incisore e scenografo Edouard Chimot, il quale seppe accostare al rigore delle bianche colonne neoclassiche il cauto modernismo art nouveau degli inserti decorativi a mosaico.

Pagine 68/69

Il viale fiancheggiato da colonne di Villa Moneta si apre all'interno di uno dei più bei giardini dell'isola.

Pagina 70

La lussureggiante vegetazione di un giardino in località Moneta.

Pagina 71

Soffitto con decorazioni a grottesche nell'ex albergo La Grotte Bleue a Capri, sorto nel 1874 sulla spinta di una domanda turistica che andava aumentando a livello internazionale.

Pagine 72/73

Villa San Michele ad Anacapri. La sfinge posta di spalle nella loggia della cappella a San Michele sembra osservare lo splendido panorama che spazia sul golfo di Napoli, il Vesuvio e la penisola sorrentina. Secondo la tradizione, fu lo stesso Axel Munthe, medico scrittore giunto a Capri nel 1895, a ritrovarla tra le rovine di una villa romana in Calabria.

Pagina 74

Villa San Michele. La camera da letto dello scrittore, con il letto in ferro battuto di fattura siciliana (fine secolo XV), appartenuto a un capitano di ventura, e riproduzioni di bronzi classici pompeiani che si alternano a qualche raro pezzo originale.

Pagina 75

Il cortiletto di Villa San Michele con la fontana sormontata da una statua ispirata al Verrocchio, artista del Quattrocento fiorentino tra i prediletti da Axel Munthe.

Pagina 76

Nella loggia delle sculture di Villa San Michele, numerose riproduzioni di opere classiche si accostano a reperti originali quali il paliotto cosmatesco utilizzato come piano del tavolo.

Pagina 77

La Casa Rossa fu costruita a partire dal 1876 intorno al nucleo di una torre aragonese del secolo XVI posta a difesa del borgo di Anacapri, per volere del colonnello americano John Cly Mackhowen. Appassionato di archeologia, questi disseminò sulle pareti rosso pompeiano bianchi reperti tra bifore e cupolette maiolicate di gusto eclettico.

Pagine 78/79

Le possenti mura del Castello Barbarossa, innalzate sul pendio del Monte Solaro a difesa dalle incursioni saracene.

Pagina 80

La medievale torre di Damecuta, le cui origini risalgono al secolo XII, sorge a 151 metri di altitudine nell'area in cui si trovano i ruderi di una villa di età augusteo-tiberiana.

---

maritime la côte de la punta Campanella.
Détail du portique tourné vers Marina Grande et façade de la villa.
La villa Lysis symbolise le rêve d'un baron français, Jacques Adelswaerd de Fersen. Condamné à Paris pour outrage à la morale, le jeune poète décadent trouva refuge à Capri en 1904. Cette maison est restée durant plus de quinze ans l'époustouflant théâtre du style de vie de son propriétaire, qui confia le projet de sa villa à son ami graveur et décorateur Edouard Chimot. Ce dernier eut l'idée et la belle audace d'associer à la rigueur des blanches colonnes néo-classiques le sage modernisme Art Nouveau des décorations de mosaïque.

Pages 68/69

L'allée bordée de colonnes de la villa Moneta s'ouvre à l'intérieur de l'un des plus beaux jardins de l'île.

Page 70

La végétation luxuriante d'un jardin de l'île.

Page 71

Plafond avec décor de grotesques de l'ancienne auberge La Grotte bleue à Capri, ouverte en 1874 sous la poussée d'une affluence touristique toujours plus internationale.

Pages 72/73

Villa San Michele. Couché dans la loggia de la chapelle de la villa, le sphinx égyptien semble contempler le panorama qui embrasse les sites les plus célèbres du golfe de Naples: Capri, la péninsule de Sorrente et le Vésuve. La tradition attribue à Axel Munthe, médecin et écrivain qui s'installa à Capri en 1895, la découverte fortuite de cette pièce dans une villa romaine de Calabre.

Page 74

Villa San Michele. La chambre à coucher d'Axel Munthe et son lit en fer forgé (fin du XVe siècle), d'origine sicilienne et ayant appartenu à un condottiere. Des reproductions de bronzes classiques pompéiens se mêlent à quelques précieux originaux.

Page 75

La petite cour de la villa San Michele, ornée d'une fontaine inspirée d'une statue de Verrocchio, artiste florentin du XVe siècle qu'Axel Munthe aimait tout particulièrement.

Page 76

La loggia des sculptures de la villa San Michele renferme de nombreux calques de sculptures classiques et des pièces originales, comme ce devant d'autel à décor de cosmatesques.

Page 77

La casa Rossa fut construite à partir de 1876. Son propriétaire, le colonel américain John Cly Mackhowen, la fit bâtir autour d'une tour aragonaise du XVIe siècle qui défendait la petite cité d'Anacapri. Passionné d'archéologie, Mackhowen couvrit les murs rouge pompéien de fragments blancs de pièces antiques d'inégale valeur, disséminés entre les fenêtres géminées et les petites coupoles ornées de majoliques de style très éclectique.

Pages 78/79

Destinées à défendre l'île des incursions sarrasines, les murailles du castello Barbarossa s'accrochent aux pentes du mont Solaro.

Page 80

La tour de Damecuta, dont les origines remontent au XIIe siècle, se dresse sur vestiges d'une villa romaine de l'époque d'Auguste et de Tibère, à 151 mètres au-dessus de la mer.

Campanella with the leaves of a cluster pine.
Detail of the portico overlooking Marina Grande and façade of the villa.
Jacques Adelswaerd de Fersen, a young decadent poet who arrived in Capri from Paris in 1904, had his refuge built near Villa Jovis, thereby satisfying his very pagan desire for beauty, not to mention his vanity. For fifteen years Villa Lysis offered the ideal setting for the decadent and eccentric life-style of its owner, who commissioned the project from his friend Edouard Chimot, an engraver and set-designer, who juxtaposed severe neoclassical columns with the circumspect Art Nouveau modernism of the decorative mosaic inserts.

Pages 68/69

The alley of Villa Moneta, bordered with columns, runs through one of the loveliest gardens of the islands.

Page 70

The lush vegetation of a garden in the area of Moneta.

Page 71

Ceiling with grotesque decoration in the former Hotel La Grotte Bleue at Capri, founded in 1874 during a first international tourist boom.

Pages 72/73

Villa San Michele. The Egyptian Sphinx shouldering the loggia of the chapel in the villa apparently observes the splendid view of the Gulf of Naples, the Penisola Sorrentina and Vesuvius. Axel Munthe, doctor and writer who arrived in Capri in 1895, is traditionally accredited with its random discovery in the ruins of a Roman villa in Calabria.

Page 74

Villa San Michele. Munthe's bedroom with the Sicilian wrought-iron bed (end of the 15th century) formerly belonging to a condottiere. The room is dotted with reproductions of classical Pompeian bronzes, and occasional rare original pieces.

Page 75

The small courtyard of Villa San Michele with a fountain inspired by a statue by Verrocchio, a 15th-century Florentine artist of whose work Axel Munthe was particularly fond.

Page 76

The loggia of sculptures at Villa San Michele, with reproductions of classical works, and original pieces such as the Cosmatesque altar frontal used here as a table top.

Page 77

The Casa Rossa was commissioned by the American colonel John Cly Mackhowen from 1876 around the nucleus of a 16th-century Aragonese tower defending the village of Anacapri. Passionately interested in archaeology, Mackhowen covered the villa's Pompeian red walls with his white archaeological finds, eclectically adding two-light windows and small maiolica domes.

Pages 78/79

The walls of the Castello Barbarossa, on the slope of Monte Solaro, were built as a defence against Saracen incursions.

Page 80

The tower of Damecuta, dating back to the 12th century, stands 151 above sea level in the archaeological site with the ruins of a villa from the time of Augustus and Tiberius.

Pagina 81	Page 81	Page 81
Il campanile della chiesa di Santa Sofia, ad Anacapri, dalle forme assai originali, con tre fornici e due quadranti, eretto probabilmente nel corso dei rifacimenti del 1510.	Le campanile de l'église Santa Sofia, à l'aspect tout à fait original avec ses trois arcades et ses deux cadrans, a probablement été construit lors des restaurations de 1510.	The highly original bell-tower of the church of Santa Sofia, with three barrel vaults and two quadrants, probably put up during rebuilding in 1510.
Pagine 82/83	Pages 82/83	Pages 82/83
La facciata settecentesca della chiesa di Santa Sofia, fondata in epoca medievale e successivamente oggetto di rimaneggiamenti a partire dal secolo XVI.	La façade du XVIIIe siècle de l'église Santa Sofia, fondée au Moyen Age et plusieurs fois remaniée à partir du XVIe siècle.	The 18th-century façade of the church of Santa Sofia, founded in the Middle Ages, but rebuilt on several occasions from the 16th century onwards.
Pagina 84	Page 84	Page 84
Chiesa di San Michele. L'interno della chiesa, ad Anacapri.	Intérieur de l'église San Michele, à Anacapri.	Interior view of the church of San Michele at Anacapri.
Pagina 85	Page 85	Page 85
Chiesa di San Michele. Particolare del pavimento del presbiterio con un pellicano che nutre i suoi piccoli col proprio sangue.	Eglise San Michele. Détail du pavement du presbytérium avec un pélican nourrissant ses petits de son propre sang.	Church of San Michele. Detail of the floor of the presbitery with a pelican feeding its young by tearing its breast.
Pagine 86-89	Pages 86-89	Pages 86-89
Chiesa di San Michele. Il pavimento maiolicato della chiesa, con la Cacciata di Adamo ed Eva dal Paradiso Terrestre. Particolari dell'Albero della Vita e scena con animali.	Eglise San Michele. Le pavement de majolique de l'église, avec Adam et Eve chassés du Paradis terrestre. Détails montrant l'arbre de vie et une scène animlière.	Church of San Michele. The majolica floor in the church with the Expulsion of Adam and Eve from the Earthly Paradise. Detail of the floor with the tree of life and various animals.
Pagine 90/91 e 92	Pages 90/91 et 92	Pages 90/91 and 92
Chiesa di San Michele. Particolari del paliotto e del ciborio dell'altar maggiore, in marmi e pietre pregiate, commissionati dal principe di San Nicandro e scolpiti nel 1761 su progetto di Giuseppe Sanmartino.	Eglise San Michele. Détails du devant du maître-autel et du ciborium, en marbres et pierres précieuses, commandités par le prince de San Nicandro et exécutés en 1761 d'après un projet de Giuseppe Sanmartino.	Church of San Michele. Detail of the ciborium and frontal of the high altar, in marble and precious stones, commissioned by the prince of San Nicandro to a project by Giuseppe Sanmartino (1761).
Pagina 93	Page 93	Page 93
Chiesa di San Michele. Statua in legno intagliato e policromato raffigurante la Vergine col Bambino con gli attributi dell'Immacolata Concezione, opera di uno scultore napoletano della metà del secolo XVIII.	Eglise San Michele. Statue en bois sculpté polychrome représentant une Vierge à l'Enfant pourvue des attributs de l'Immaculée Conception, attribuée à un sculpteur napolitain du milieu du XVIIIe siècle.	Church of San Michele. Statue of the Virgin and Child with the attributes of the Immaculate Conception, carved in polychrome wood by a Neapolitan sculptor in the mid-18th century.
Pagine 94 e 95	Pages 94 et 95	Pages 94 and 95
Chiesa di San Michele. Giacomo del Po, L'orazione nell'orto e Adorazione dei pastori (1715-1720 circa).	Eglise San Michele. Giacomo del Po, La Prière au mont des Oliviers et L'Adoration des bergers (vers 1715-1720).	Church of San Michele. Giacomo del Po, Prayer in the Garden of Gethsemene and Adoration of the Shepherds (ca. 1715-1720).
Pagine 96/97	Pages 96/97	Pages 96/97
La costa precipita a strapiombo dai 589 metri della cima di Monte Solaro sulle acque trasparenti di Cala Ventroso.	La côte tombe à pic depuis les 589 mètres du sommet du mont Solaro dans les eaux transparentes de la cala Ventroso.	From the summit of Monte Solaro, 589 metres above sea level, the coast plummets down to the translucent waters of Cala Ventroso.
Pagina 98	Page 98	Page 98
Capri sospesa tra cielo e mare, in fondo alla scia ribollente di spuma come appare al visitatore che la lascia in nave al tramonto.	Capri, comme suspendue entre ciel et mer au-dessus d'un sillage d'écume bouillonnante, offre une dernière et splendide vision au visiteur qui la quitte en bateau au soleil couchant.	Capri at sunset, poised between sea and sky, as seen by the departing visitor at the end of a quaking line of foam.

p. 114
Maurice Boutterin (Envoi de 1914).
Ricostruzione immaginaria del Palazzo di Tiberio a Capri.

Reconstitution imaginaire du palais de Tibère à Capri.

Imaginary Reconstruction of Tiberius' Palace at Capri.

Paris, Ecole nationale supérieure des beaux-arts.